PRÉFACE

La collection de guides de conversation "Tout ira bien!", publié par T&P Books, est conçue pour les gens qui voyagent par affaire ou par plaisir. Les guides de conversations contiennent le plus important - l'essentiel pour la communication de base. Il s'agit d'une série indispensable de phrases pour survivre à l'étranger.

Ce guide de conversation vous aidera dans la plupart des cas où vous devez demander quelque chose, trouver une direction, découvrir le prix d'un souvenir, etc. Il peut aussi résoudre des situations de communication difficile lorsque la gesticulation n'aide pas.

Le livre contient beaucoup de phrases qui ont été groupées par thèmes. Vous trouverez aussi un vocabulaire des 3000 mots les plus couramment utilisés. Une autre section du guide contient un glossaire gastronomique qui peut être utile lorsque vous faites le marché ou commandez des plats au restaurant.

Emmenez avec vous un guide de conversation "Tout ira bien!" sur la route et vous aurez un compagnon de voyage irremplaçable qui vous aidera à vous sortir de toutes les situations et vous enseignera à ne pas avoir peur de parler aux étrangers.

TABLE DES MATIÈRES

T&P Books Publishing

PRONONCIATION

Lettre	Exemple en anglais américain	Alphabet phonétique T&P	Exemple en français

Voyelles

a	age	[eɪ]	effrayer
a	bag	[æ]	maire
a	car	[ɑ:]	cadre
a	care	[eə]	théâtre
e	meat	[i:]	industrie
e	pen	[e]	équipe
e	verb	[ɜ]	pseudonyme
e	here	[ɪə]	polyester
i	life	[aj]	maillot
i	sick	[ɪ]	capital
i	girl	[ø]	peu profond
i	fire	[ajə]	nettoyer
o	rose	[əu]	anglais - home, russe - ноутбук
o	shop	[ɒ]	portier
o	sport	[ɔ:]	bureau
o	ore	[ɔ:]	bureau
u	to include	[u:]	tour
u	sun	[ʌ]	carotte
u	church	[ɜ]	pseudonyme
u	pure	[ʊə]	trouée
y	to cry	[aj]	maillot
y	system	[ɪ]	capital
y	Lyre	[ajə]	nettoyer
y	party	[ɪ]	capital

Consonnes

b	bar	[b]	bureau
c	city	[s]	syndicat
c	clay	[k]	bocal
d	day	[d]	document
f	face	[f]	formule

5

Lettre	Exemple en anglais américain	Alphabet phonétique T&P	Exemple en français
g	geography	[dʒ]	adjoint
g	glue	[g]	gris
h	home	[h]	h aspiré
j	joke	[dʒ]	adjoint
k	king	[k]	bocal
l	love	[l]	vélo
m	milk	[m]	minéral
n	nose	[n]	ananas
p	pencil	[p]	panama
q	queen	[k]	bocal
r	rose	[r]	racine
s	sleep	[s]	syndicat
s	please	[z]	gazeuse
s	pleasure	[ʒ]	jeunesse
t	table	[t]	tennis
v	velvet	[v]	rivière
w	winter	[w]	iguane
x	ox	[ks]	taxi
x	exam	[gz]	examiner
z	azure	[ʒ]	jeunesse
z	zebra	[z]	gazeuse

Combinaisons de lettres

ch	China	[tʃ]	match
ch	chemistry	[k]	bocal
ch	machine	[ʃ]	chariot
sh	ship	[ʃ]	chariot
th	weather	[ð]	consonne fricative dentale voisée
th	tooth	[θ]	consonne fricative dentale sourde
ph	telephone	[f]	formule
ck	black	[k]	bocal
ng	ring	[ŋ]	parking
ng	English	[ŋ]	parking
wh	white	[w]	iguane
wh	whole	[h]	h aspiré
wr	wrong	[r]	racine
gh	enough	[f]	formule
gh	sign	[n]	ananas
kn	knife	[n]	ananas
qu	question	[kv]	coiffeur
tch	catch	[tʃ]	match
oo+k	book	[ʊ]	groupe
oo+r	door	[ɔ:]	bureau
ee	tree	[i:]	industrie

Lettre	Exemple en anglais américain	Alphabet phonétique T&P	Exemple en français
ou	house	[aʊ]	knock-down
ou+r	our	[aʊə]	anglais - flour
ay	today	[eɪ]	effrayer
ey	they	[eɪ]	effrayer

LISTE DES ABRÉVIATIONS

Abréviations en français

adj	-	adjective
adv	-	adverbe
anim.	-	animé
conj	-	conjonction
dénombr.	-	dénombrable
etc.	-	et cetera
f	-	nom féminin
f pl	-	féminin pluriel
fam.	-	familiar
fem.	-	féminin
form.	-	formal
inanim.	-	inanimé
indénombr.	-	indénombrable
m	-	nom masculin
m pl	-	masculin pluriel
m, f	-	masculin, féminin
masc.	-	masculin
math	-	mathematics
mil.	-	militaire
pl	-	pluriel
prep	-	préposition
pron	-	pronom
qch	-	quelque chose
qn	-	quelqu'un
sing.	-	singulier
v aux	-	verbe auxiliaire
v imp	-	verbe impersonnel
vi	-	verbe intransitif
vi, vt	-	verbe intransitif, transitif
vp	-	verbe pronominal
vt	-	verbe transitif

Abréviations en anglais américain

v aux	-	verbe auxiliaire
vi	-	verbe intransitif

| **vi, vt** | - | verbe intransitif, transitif |
| **vt** | - | verbe transitif |

T&P BOOKS

GUIDE DE CONVERSATION ANGLAIS

Cette section contient
des phrases importantes
qui peuvent être utiles dans
des situations courantes.
Le guide vous aidera
à demander des directions,
clarifier le prix, acheter
des billets et commander
des plats au restaurant

T&P Books Publishing

CONTENU DU GUIDE DE CONVERSATION

T&P Books Publishing

Les essentiels

Excusez-moi, …	**Excuse me, …** [ɪk'skjuːz miː, …]
Bonjour	**Hello.** [həˈləʊ]
Merci	**Thank you.** [θæŋk ju]
Au revoir	**Good bye.** [gʊd baɪ]
Oui	**Yes.** [jes]
Non	**No.** [nəʊ]
Je ne sais pas.	**I don't know.** [aɪ dəʊnt nəʊ]
Où? | Où? | Quand?	**Where? | Where to? | When?** [weə? | weə tuː? | wen?]

J'ai besoin de …	**I need …** [aɪ niːd …]
Je veux …	**I want …** [aɪ wɒnt …]
Avez-vous … ?	**Do you have …?** [də ju hɛv …?]
Est-ce qu'il y a … ici?	**Is there a … here?** [ɪz ðər ə … hɪə?]
Puis-je … ?	**May I …?** [meɪ aɪ …?]
s'il vous plaît (pour une demande)	**…, please** […, pliːz]

Je cherche …	**I'm looking for …** [aɪm ˈlʊkɪŋ fə …]
les toilettes	**restroom** [ˈrestruːm]
un distributeur	**ATM** [eɪtiːˈem]
une pharmacie	**pharmacy, drugstore** [ˈfɑːməsi, ˈdrʌgstɔː]
l'hôpital	**hospital** [ˈhɒspɪtl]
le commissariat de police	**police station** [pəˈliːs ˈsteɪʃn]
une station de métro	**subway** [ˈsʌbweɪ]

un taxi	**taxi** ['tæksi]
la gare	**train station** [treɪn 'steɪʃn]

Je m'appelle ...	**My name is ...** [maɪ 'neɪm ɪz ...]
Comment vous appelez-vous?	**What's your name?** [wɒts jɔː 'neɪm?]
Aidez-moi, s'il vous plaît.	**Could you please help me?** [kəd ju pliːz help miː?]
J'ai un problème.	**I've got a problem.** [av gɒt ə 'prɒbləm]
Je ne me sens pas bien.	**I don't feel well.** [aɪ dəʊnt fiːl wel]
Appelez une ambulance!	**Call an ambulance!** [kɔːl ən 'æmbjələns!]
Puis-je faire un appel?	**May I make a call?** [meɪ aɪ 'meɪk ə kɔːl?]

Excusez-moi.	**I'm sorry.** [aɪm 'sɒri]
Je vous en prie.	**You're welcome.** [juə 'welkəm]

je, moi	**I, me** [aɪ, mi]
tu, toi	**you** [ju]
il	**he** [hi]
elle	**she** [ʃi]
ils	**they** [ðeɪ]
elles	**they** [ðeɪ]
nous	**we** [wi]
vous	**you** [ju]
Vous	**you** [ju]

ENTRÉE	**ENTRANCE** ['entrɑːns]
SORTIE	**EXIT** ['eksɪt]
HORS SERVICE | EN PANNE	**OUT OF ORDER** [aʊt əv 'ɔːdə]
FERMÉ	**CLOSED** [kləʊzd]

OUVERT	**OPEN**
	['əʊpən]
POUR LES FEMMES	**FOR WOMEN**
	[fə 'wɪmɪn]
POUR LES HOMMES	**FOR MEN**
	[fə men]

Questions

Où? (lieu)	**Where?** [weə?]
Où? (direction)	**Where to?** [weə tu:?]
D'où?	**Where from?** [weə frɒm?]
Pourquoi?	**Why?** [waɪ?]
Pour quelle raison?	**Why?** [waɪ?]
Quand?	**When?** [wen?]

Combien de temps?	**How long?** [haʊ 'lɒŋ?]
À quelle heure?	**At what time?** [ət wɒt 'taɪm?]
C'est combien?	**How much?** [haʊ 'mʌtʃ?]
Avez-vous ... ?	**Do you have ...?** [də ju hɛv ...?]
Où est ..., s'il vous plaît?	**Where is ...?** [weə ɪz ...?]

Quelle heure est-il?	**What time is it?** [wɒt taɪm ɪz ɪt?]
Puis-je faire un appel?	**May I make a call?** [meɪ aɪ meɪk ə kɔ:l?]
Qui est là?	**Who's there?** [hu:z ðeə?]
Puis-je fumer ici?	**Can I smoke here?** [kən aɪ sməʊk hɪə?]
Puis-je ...?	**May I ...?** [meɪ aɪ ...?]

Besoins

Je voudrais ...	**I'd like ...** [aɪd 'laɪk ...]
Je ne veux pas ...	**I don't want ...** [aɪ dəʊnt wɒnt ...]
J'ai soif.	**I'm thirsty.** [aɪm 'θɜːsti]
Je veux dormir.	**I want to sleep.** [aɪ wɒnt tə sliːp]
Je veux ...	**I want ...** [aɪ wɒnt ...]
me laver	**to wash up** [tə wɒʃ ʌp]
brosser mes dents	**to brush my teeth** [tə brʌʃ maɪ tiːθ]
me reposer un instant	**to rest a while** [tə rest ə waɪl]
changer de vêtements	**to change my clothes** [tə tʃeɪndʒ maɪ kləʊðz]
retourner à l'hôtel	**to go back to the hotel** [tə gəʊ 'bæk tə ðə həʊ'tel]
acheter ...	**to buy ...** [tə baɪ ...]
aller à ...	**to go to ...** [tə gəʊ tə ...]
visiter ...	**to visit ...** [tə 'vɪzɪt ...]
rencontrer ...	**to meet with ...** [tə miːt wɪð ...]
faire un appel	**to make a call** [tə meɪk ə kɔːl]
Je suis fatigué /fatiguée/	**I'm tired.** [aɪm 'taɪəd]
Nous sommes fatigués /fatiguées/	**We are tired.** [wi ə 'taɪəd]
J'ai froid.	**I'm cold.** [aɪm kəʊld]
J'ai chaud.	**I'm hot.** [aɪm hɒt]
Je suis bien.	**I'm OK.** [aɪm əʊ'keɪ]

Il me faut faire un appel.

I need to make a call.
[aɪ niːd tə meɪk ə kɔːl]

J'ai besoin d'aller aux toilettes.

I need to go to the restroom.
[aɪ niːd tə gəʊ tə ðə 'restruːm]

Il faut que j'aille.

I have to go.
[aɪ hɛv tə gəʊ]

Je dois partir maintenant.

I have to go now.
[aɪ hɛv tə gəʊ naʊ]

Comment demander la direction

Excusez-moi, ...

Excuse me, ...
[ɪk'skjuːz miː, ...]

Où est ..., s'il vous plaît?

Where is ...?
[weə ɪz ...?]

Dans quelle direction est ... ?

Which way is ...?
[wɪtʃ weɪ ɪz ...?]

Pouvez-vous m'aider, s'il vous plaît ?

Could you help me, please?
[kəd ju help miː, pliːz?]

Je cherche ...

I'm looking for ...
[aɪm 'lʊkɪŋ fə ...]

La sortie, s'il vous plaît?

I'm looking for the exit.
[aɪm 'lʊkɪŋ fə ði 'eksɪt]

Je vais à ...

I'm going to ...
[aɪm 'gəʊɪŋ tə ...]

C'est la bonne direction pour ...?

Am I going the right way to ...?
[əm aɪ 'gəʊɪŋ ðə raɪt 'weɪ tə ...?]

C'est loin?

Is it far?
[ɪz ɪt fɑː?]

Est-ce que je peux y aller à pied?

Can I get there on foot?
[kən aɪ get ðər ɒn fʊt?]

Pouvez-vous me le montrer sur la carte?

Can you show me on the map?
[kən ju ʃəʊ miː ɒn ðə mæp?]

Montrez-moi où sommes-nous, s'il vous plaît.

Show me where we are right now.
[ʃəʊ miː weə wi ə raɪt naʊ]

Ici

Here
[hɪə]

Là-bas

There
[ðeə]

Par ici

This way
[ðɪs weɪ]

Tournez à droite.

Turn right.
[tɜːn raɪt]

Tournez à gauche.

Turn left.
[tɜːn left]

Prenez la première (deuxième, troisième) rue.

first (second, third) turn
[fɜːst ('sekənd, θɜːd) tɜːn]

à droite

to the right
[tə ðə raɪt]

à gauche

to the left
[tə ðə left]

Continuez tout droit.

Go straight.
[gəʊ streɪt]

Affiches, Pancartes

BIENVENUE!	**WELCOME!** ['welkəm!]
ENTRÉE	**ENTRANCE** ['entrɑːns]
SORTIE	**EXIT** ['eksɪt]
POUSSEZ	**PUSH** [pʊʃ]
TIREZ	**PULL** [pʊl]
OUVERT	**OPEN** ['əʊpən]
FERMÉ	**CLOSED** [kləʊzd]
POUR LES FEMMES	**FOR WOMEN** [fə 'wɪmɪn]
POUR LES HOMMES	**FOR MEN** [fə men]
MESSIEURS (M)	**MEN, GENTS** [men, dʒents]
FEMMES (F)	**WOMEN, LADIES** ['wɪmɪn, 'leɪdɪz]
RABAIS | SOLDES	**DISCOUNTS** ['dɪskaʊnts]
PROMOTION	**SALE** [seɪl]
GRATUIT	**FREE** [friː]
NOUVEAU!	**NEW!** [njuː!]
ATTENTION!	**ATTENTION!** [ə'tenʃn!]
COMPLET	**NO VACANCIES** [nəʊ 'veɪkənsɪz]
RÉSERVÉ	**RESERVED** [rɪ'zɜːvd]
ADMINISTRATION	**ADMINISTRATION** [ədmɪnɪ'streɪʃn]
PERSONNEL SEULEMENT	**STAFF ONLY** [stɑːf 'əʊnli]

ATTENTION AU CHIEN!	**BEWARE OF THE DOG!** [bɪ'weər əv ðə dɒg!]
NE PAS FUMER!	**NO SMOKING!** [nəʊ 'sməʊkɪŋ!]
NE PAS TOUCHER!	**DO NOT TOUCH!** [də nɒt tʌtʃ!]
DANGEREUX	**DANGEROUS** ['deɪndʒərəs]
DANGER	**DANGER** ['deɪndʒə]
HAUTE TENSION	**HIGH VOLTAGE** [haɪ 'vəʊltɪdʒ]
BAIGNADE INTERDITE!	**NO SWIMMING!** [nəʊ 'swɪmɪŋ!]

HORS SERVICE | EN PANNE	**OUT OF ORDER** [aʊt əv 'ɔ:də]
INFLAMMABLE	**FLAMMABLE** ['flæməbl]
INTERDIT	**FORBIDDEN** [fə'bɪdn]
ENTRÉE INTERDITE!	**NO TRESPASSING!** [nəʊ 'trespəsɪŋ!]
PEINTURE FRAÎCHE	**WET PAINT** [wet peɪnt]

FERMÉ POUR TRAVAUX	**CLOSED FOR RENOVATIONS** [kləʊzd fə renə'veɪʃnz]
TRAVAUX EN COURS	**WORKS AHEAD** ['wɜ:ks ə'hed]
DÉVIATION	**DETOUR** ['di:tʊə]

Transport - Phrases générales

avion	**plane** [pleɪn]
train	**train** [treɪn]
bus, autobus	**bus** [bʌs]
ferry	**ferry** ['feri]
taxi	**taxi** ['tæksi]
voiture	**car** [kɑ:]

horaire	**schedule** ['ʃedju:l]
Où puis-je voir l'horaire?	**Where can I see the schedule?** [weə kən aɪ si: ðə 'ʃedju:l?]
jours ouvrables	**workdays** ['wɜ:kdeɪz]
jours non ouvrables	**weekends** [wi:k'endz]
jours fériés	**holidays** ['hɒlədeɪz]

DÉPART	**DEPARTURE** [dɪ'pɑ:tʃə]
ARRIVÉE	**ARRIVAL** [ə'raɪvl]
RETARDÉE	**DELAYED** [dɪ'leɪd]
ANNULÉE	**CANCELED** ['kænsəld]

prochain (train, etc.)	**next** [nɛkst]
premier	**first** [fɜ:st]
dernier	**last** [lɑ:st]

À quelle heure est le prochain ...?	**When is the next ...?** [wen ɪz ðə nɛkst ...?]
À quelle heure est le premier ...?	**When is the first ...?** [wen ɪz ðə fɜ:st ...?]

À quelle heure est le dernier ...?

When is the last ...?
[wen ɪz ðə lɑːst ...?]

correspondance

transfer
['trænsfɜː]

prendre la correspondance

to make a transfer
[tə meɪk ə 'trænsfɜː]

Dois-je prendre la correspondance?

Do I need to make a transfer?
[də aɪ niːd tə meɪk ə 'trænsfɜː?]

Acheter un billet

Où puis-je acheter des billets?	**Where can I buy tickets?** [weə kən aɪ baɪ 'tɪkɪts?]
billet	**ticket** ['tɪkɪt]
acheter un billet	**to buy a ticket** [tə baɪ ə 'tɪkɪt]
le prix d'un billet	**ticket price** ['tɪkɪt praɪs]

Pour aller où?	**Where to?** [weə tu:?]
Quelle destination?	**To what station?** [tə wɒt steɪʃn?]
Je voudrais ...	**I need ...** [aɪ ni:d ...]
un billet	**one ticket** [wʌn 'tɪkɪt]
deux billets	**two tickets** [tu: 'tɪkɪts]
trois billets	**three tickets** [θri: 'tɪkɪts]

aller simple	**one-way** [wʌn'weɪ]
aller-retour	**round-trip** [rɑ:wnd trɪp]
première classe	**first class** [fɜ:st klɑ:s]
classe économique	**second class** ['sekənd klɑ:s]

aujourd'hui	**today** [tə'deɪ]
demain	**tomorrow** [tə'mɒrəʊ]
après-demain	**the day after tomorrow** [ðə deɪ 'ɑ:ftə tə'mɒrəʊ]
dans la matinée	**in the morning** [ɪn ðə 'mɔ:nɪŋ]
l'après-midi	**in the afternoon** [ɪn ði ɑ:ftə'nu:n]
dans la soirée	**in the evening** [ɪn ði 'i:vnɪŋ]

siège côté couloir

aisle seat
[aɪl siːt]

siège côté fenêtre

window seat
['wɪndəʊ siːt]

C'est combien?

How much?
[haʊ mʌtʃ?]

Puis-je payer avec la carte?

Can I pay by credit card?
[kən aɪ peɪ baɪ 'kredɪt kɑːd?]

L'autobus

bus, autobus	**bus** [bʌs]
autocar	**intercity bus** [ɪntə'sɪti bʌs]
arrêt d'autobus	**bus stop** [bʌs stɒp]
Où est l'arrêt d'autobus le plus proche?	**Where's the nearest bus stop?** [weəz ðə 'nɪərɪst bʌs stɒp?]

numéro	**number** ['nʌmbə]
Quel bus dois-je prendre pour aller à ...?	**Which bus do I take to get to ...?** [wɪtʃ bʌs də aɪ teɪk tə get tə ...?]
Est-ce que ce bus va à ...?	**Does this bus go to ...?** [dəz ðɪs bʌs gəʊ tə ...?]
L'autobus passe tous les combien?	**How frequent are the buses?** [haʊ frɪ'kwent ə ðə 'bʌsɪz?]

chaque quart d'heure	**every 15 minutes** ['evri fɪf'tiːn 'mɪnɪts]
chaque demi-heure	**every half hour** ['evri hɑːf 'aʊə]
chaque heure	**every hour** ['evri 'aʊə]
plusieurs fois par jour	**several times a day** ['sevrəl taɪmz ə deɪ]
... fois par jour	**... times a day** [... taɪmz ə deɪ]

horaire	**schedule** ['ʃedjuːl]
Où puis-je voir l'horaire?	**Where can I see the schedule?** [weə kən aɪ siː ðə 'ʃedjuːl?]
À quelle heure passe le prochain bus?	**When is the next bus?** [wen ɪz ðə nɛkst bʌs?]
À quelle heure passe le premier bus?	**When is the first bus?** [wen ɪz ðə fɜːst bʌs?]
À quelle heure passe le dernier bus?	**When is the last bus?** [wen ɪz ðə lɑːst bʌs?]

arrêt	**stop** [stɒp]
prochain arrêt	**next stop** [nɛkst stɒp]

terminus

last stop
[lɑ:st stɒp]

Pouvez-vous arrêter ici, s'il vous plaît.

Stop here, please.
[stɒp hɪə, pli:z]

Excusez-moi, c'est mon arrêt.

Excuse me, this is my stop.
[ɪk'skju:z mi:, ðɪs ɪz maɪ stɒp]

Train

train	**train** [treɪn]
train de banlieue	**suburban train** [sə'bɜːbən treɪn]
train de grande ligne	**long-distance train** ['lɒŋdɪstəns treɪn]
la gare	**train station** [treɪn steɪʃn]
Excusez-moi, où est la sortie vers les quais?	**Excuse me, where is the exit to the platform?** [ɪk'skjuːz miː, weə ɪz ði 'eksɪt tə ðə 'plætfɔːm?]

Est-ce que ce train va à …?	**Does this train go to …?** [dəz ðɪs treɪn gəʊ tə …?]
le prochain train	**next train** [nɛkst treɪn]
À quelle heure est le prochain train?	**When is the next train?** [wen ɪz ðə nɛkst treɪn?]
Où puis-je voir l'horaire?	**Where can I see the schedule?** [weə kən aɪ siː ðə 'ʃedjuːl?]
De quel quai?	**From which platform?** [frəm wɪtʃ 'plætfɔːm?]
À quelle heure arrive le train à …?	**When does the train arrive in …?** [wen dəz ðə treɪn ə'raɪv ɪn …?]

Pouvez-vous m'aider, s'il vous plaît?	**Please help me.** [pliːz help miː]
Je cherche ma place.	**I'm looking for my seat.** [aɪm 'lʊkɪŋ fə maɪ siːt]
Nous cherchons nos places.	**We're looking for our seats.** [wɪə 'lʊkɪŋ fə 'aʊə siːts]
Ma place est occupée.	**My seat is taken.** [maɪ siːt ɪs 'teɪkən]
Nos places sont occupées.	**Our seats are taken.** ['aʊə siːts ə 'teɪkən]

Excusez-moi, mais c'est ma place.	**I'm sorry but this is my seat.** [aɪm 'sɒri bət ðɪs ɪz maɪ siːt]
Est-ce que cette place est libre?	**Is this seat taken?** [ɪz ðɪs siːt 'teɪkən?]
Puis-je m'asseoir ici?	**May I sit here?** [meɪ aɪ sɪt hɪə?]

Sur le train - Dialogue (Pas de billet)

Votre billet, s'il vous plaît.

Ticket, please.
['tɪkɪt, pli:z]

Je n'ai pas de billet.

I don't have a ticket.
[aɪ dəunt hɛv ə 'tɪkɪt]

J'ai perdu mon billet.

I lost my ticket.
[aɪ lɒst maɪ 'tɪkɪt]

J'ai oublié mon billet à la maison.

I forgot my ticket at home.
[aɪ fə'gɒt maɪ 'tɪkɪt ət həum]

Vous pouvez m'acheter un billet.

You can buy a ticket from me.
[ju kən baɪ ə 'tɪkɪt frəm mi:]

Vous devrez aussi payer une amende.

You will also have to pay a fine.
[ju wɪl 'ɔ:lsəu hɛv tə peɪ ə faɪn]

D'accord.

Okay.
[əu'keɪ]

Où allez-vous?

Where are you going?
[weər ə ju 'gəuɪŋ?]

Je vais à ...

I'm going to ...
[aɪm 'gəuɪŋ tə ...]

Combien? Je ne comprend pas.

How much? I don't understand.
[hau 'mʌtʃ? aɪ dəunt ʌndə'stænd]

Pouvez-vous l'écrire, s'il vous plaît.

Write it down, please.
['raɪt ɪt daun, pli:z]

D'accord. Puis-je payer avec la carte?

Okay. Can I pay with a credit card?
[əu'keɪ. kən aɪ peɪ wɪð ə 'kredɪt ka:d?]

Oui, bien sûr.

Yes, you can.
[jes, ju kæn]

Voici votre reçu.

Here's your receipt.
[hɪəz jɔ: rɪ'si:t]

Désolé pour l'amende.

Sorry about the fine.
['sɒri ə'baut ðə faɪn]

Ça va. C'est de ma faute.

That's okay. It was my fault.
[ðæts əu'keɪ. ɪt wəz maɪ fɔ:t]

Bon voyage.

Enjoy your trip.
[ɪn'dʒɔɪ jɔ: trɪp]

Taxi

taxi	**taxi** ['tæksi]
chauffeur de taxi	**taxi driver** ['tæksi 'draɪvə]
prendre un taxi	**to catch a taxi** [tə kætʃ ə 'tæksi]
arrêt de taxi	**taxi stand** ['tæksi stænd]
Où puis-je trouver un taxi?	**Where can I get a taxi?** [weə kən aɪ get ə 'tæksi?]
appeler un taxi	**to call a taxi** [tə kɔːl ə 'tæksi]
Il me faut un taxi.	**I need a taxi.** [aɪ niːd ə 'tæksi]
maintenant	**Right now.** [raɪt naʊ]
Quelle est votre adresse?	**What is your address (location)?** ['wɒts jɔːr ə'dres (ləʊ'keɪʃn)?]
Mon adresse est ...	**My address is ...** [maɪ ə'dres ɪz ...]
Votre destination?	**Your destination?** [jɔː destɪ'neɪʃn?]
Excusez-moi, ...	**Excuse me, ...** [ɪk'skjuːz miː, ...]
Vous êtes libre ?	**Are you available?** [ə ju ə'veɪləbl?]
Combien ça coûte pour aller à ...?	**How much is it to get to ...?** [haʊ 'mʌtʃ ɪz ɪt tə get tə ...?]
Vous savez où ça se trouve?	**Do you know where it is?** [də ju nəʊ weər ɪt ɪz?]
À l'aéroport, s'il vous plaît.	**Airport, please.** ['eəpɔːt, pliːz]
Arrêtez ici, s'il vous plaît.	**Stop here, please.** [stɒp hɪə, pliːz]
Ce n'est pas ici.	**It's not here.** [ɪts nɒt hɪə]
C'est la mauvaise adresse.	**This is the wrong address.** [ðɪs ɪz ðə rɒŋ ə'dres]
tournez à gauche	**Turn left.** [tɜːn left]
tournez à droite	**Turn right.** [tɜːn raɪt]

Combien je vous dois?

How much do I owe you?
[haʊ 'mʌtʃ də aɪ əʊ ju?]

J'aimerais avoir un reçu, s'il vous plaît.

I'd like a receipt, please.
[aɪd laɪk ə rɪ'siːt, pliːz]

Gardez la monnaie.

Keep the change.
[kiːp ðə tʃeɪndʒ]

Attendez-moi, s'il vous plaît ...

Would you please wait for me?
[wʊd ju pliːz weɪt fə miː?]

cinq minutes

five minutes
[faɪv 'mɪnɪts]

dix minutes

ten minutes
[ten 'mɪnɪts]

quinze minutes

fifteen minutes
[fɪfˈtiːn 'mɪnɪts]

vingt minutes

twenty minutes
['twenti 'mɪnɪts]

une demi-heure

half an hour
[hɑːf ən 'aʊə]

Hôtel

Bonjour.　　　　　　　　　　　　　　**Hello.**
　　　　　　　　　　　　　　　　　　[hə'ləʊ]

Je m'appelle ...　　　　　　　　　　**My name is ...**
　　　　　　　　　　　　　　　　　　[maɪ neɪm ɪz ...]

J'ai réservé une chambre.　　　　　**I have a reservation.**
　　　　　　　　　　　　　　　　　　[aɪ hɛv ə rezə'veɪʃn]

Je voudrais ...　　　　　　　　　　　**I need ...**
　　　　　　　　　　　　　　　　　　[aɪ ni:d ...]

une chambre simple　　　　　　　　**a single room**
　　　　　　　　　　　　　　　　　　[ə sɪŋgl ru:m]

une chambre double　　　　　　　　**a double room**
　　　　　　　　　　　　　　　　　　[ə dʌbl ru:m]

C'est combien?　　　　　　　　　　　**How much is that?**
　　　　　　　　　　　　　　　　　　[haʊ 'mʌtʃ ɪz ðæt?]

C'est un peu cher.　　　　　　　　　**That's a bit expensive.**
　　　　　　　　　　　　　　　　　　[ðæts ə bɪt ɪk'spensɪv]

Avez-vous autre chose?　　　　　　**Do you have any other options?**
　　　　　　　　　　　　　　　　　　[də ju hɛv 'eni 'ʌðər ɒpʃnz?]

Je vais la prendre.　　　　　　　　　**I'll take it.**
　　　　　　　　　　　　　　　　　　[aɪl teɪk ɪt]

Je vais payer comptant.　　　　　　**I'll pay in cash.**
　　　　　　　　　　　　　　　　　　[aɪl peɪ ɪn kæʃ]

J'ai un problème.　　　　　　　　　　**I've got a problem.**
　　　　　　　　　　　　　　　　　　[aɪv gɒt ə 'prɒbləm]

Mon ... est cassé /Ma ... est cassée/　**My ... is broken.**
　　　　　　　　　　　　　　　　　　[maɪ ... ɪz 'brəʊkən]

Mon /Ma/ ... ne fonctionne pas.　　**My ... is out of order.**
　　　　　　　　　　　　　　　　　　[maɪ ... ɪz aʊt əv 'ɔːdə]

télé　　　　　　　　　　　　　　　　**TV**
　　　　　　　　　　　　　　　　　　[ti:'vi:]

air conditionné　　　　　　　　　　**air conditioning**
　　　　　　　　　　　　　　　　　　[eə kən'dɪʃnɪŋ]

robinet　　　　　　　　　　　　　　**tap**
　　　　　　　　　　　　　　　　　　[tæp]

---

douche　　　　　　　　　　　　　　**shower**
　　　　　　　　　　　　　　　　　　['ʃaʊə]

évier　　　　　　　　　　　　　　　**sink**
　　　　　　　　　　　　　　　　　　[sɪŋk]

coffre-fort　　　　　　　　　　　　**safe**
　　　　　　　　　　　　　　　　　　[seɪf]

serrure de porte	**door lock** [dɔː lɒk]
prise électrique	**electrical outlet** [ɪˈlektrɪkl ˈaʊtlet]
sèche-cheveux	**hairdryer** [ˈheədraɪə]

Je n'ai pas …	**I don't have …** [aɪ ˈdəʊnt hɛv …]
d'eau	**water** [ˈwɔːtə]
de lumière	**light** [laɪt]
d'électricité	**electricity** [ɪlekˈtrɪsɪti]

Pouvez-vous me donner …?	**Can you give me …?** [kən ju gɪv miː …?]
une serviette	**a towel** [ə ˈtaʊəl]
une couverture	**a blanket** [ə ˈblæŋkɪt]
des pantoufles	**slippers** [ˈslɪpəz]
une robe de chambre	**a robe** [ə rəʊb]
du shampoing	**shampoo** [ʃæmˈpuː]
du savon	**soap** [səʊp]

Je voudrais changer ma chambre.	**I'd like to change rooms.** [aɪd laɪk tə tʃeɪndʒ ruːmz]
Je ne trouve pas ma clé.	**I can't find my key.** [aɪ kɑːnt faɪnd maɪ kiː]
Pourriez-vous ouvrir ma chambre, s'il vous plaît?	**Could you open my room, please?** [kəd ju ˈəʊpən maɪ ruːm, pliːz?]
Qui est là?	**Who's there?** [huːz ðeə?]
Entrez!	**Come in!** [kʌm ˈɪn!]
Une minute!	**Just a minute!** [dʒəst ə ˈmɪnɪt!]
Pas maintenant, s'il vous plaît.	**Not right now, please.** [nɒt raɪt naʊ, pliːz]

Pouvez-vous venir à ma chambre, s'il vous plaît.	**Come to my room, please.** [kʌm tə maɪ ruːm, pliːz]
J'aimerais avoir le service d'étage.	**I'd like to order food service.** [aɪd laɪk tu ˈɔːdə fuːd ˈsɜːvɪs]
Mon numéro de chambre est le …	**My room number is …** [maɪ ruːm ˈnʌmbə iz …]

Je pars ...	**I'm leaving ...** [aɪm 'liːvɪŋ ...]
Nous partons ...	**We're leaving ...** [wɪə 'liːvɪŋ ...]
maintenant	**right now** [raɪt naʊ]
cet après-midi	**this afternoon** [ðɪs ɑːftə'nuːn]
ce soir	**tonight** [tə'naɪt]
demain	**tomorrow** [tə'mɒrəʊ]
demain matin	**tomorrow morning** [tə'mɒrəʊ 'mɔːnɪŋ]
demain après-midi	**tomorrow evening** [tə'mɒrəʊ 'iːvnɪŋ]
après-demain	**the day after tomorrow** [ðə deɪ 'ɑːftə tə'mɒrəʊ]

Je voudrais régler mon compte.	**I'd like to pay.** [aɪd 'laɪk tə peɪ]
Tout était merveilleux.	**Everything was wonderful.** ['evrɪθɪŋ wəz 'wʌndəfəl]
Où puis-je trouver un taxi?	**Where can I get a taxi?** [weə kən aɪ get ə 'tæksi?]
Pourriez-vous m'appeler un taxi, s'il vous plaît?	**Would you call a taxi for me, please?** [wʊd ju kɔːl ə 'tæksi fə miː, pliːz?]

Restaurant

Puis-je voir le menu, s'il vous plaît?	**Can I look at the menu, please?** [kən aı lʊk ət ðə 'menju:, pli:z?]
Une table pour une personne.	**Table for one.** ['teɪbl fə wʌn]
Nous sommes deux (trois, quatre).	**There are two (three, four) of us.** [ðər ə tu: (θri:, fɔ:r) əv'ʌs]

Fumeurs	**Smoking** ['sməʊkɪŋ]
Non-fumeurs	**No smoking** [nəʊ 'sməʊkɪŋ]
S'il vous plaît!	**Excuse me!** [ɪk'skju:z mi:!]
menu	**menu** ['menju:]
carte des vins	**wine list** [waɪn lɪst]
Le menu, s'il vous plaît.	**The menu, please.** [ðə 'menju:, pli:z]

Êtes-vous prêts à commander?	**Are you ready to order?** [ə ju 'redi tu 'ɔ:də?]
Qu'allez-vous prendre?	**What will you have?** [wɒt wɪl ju hæv?]
Je vais prendre ...	**I'll have ...** [aɪl hɛv ...]

Je suis végétarien.	**I'm a vegetarian.** [aɪm ə vedʒɪ'teərɪən]
viande	**meat** [mi:t]
poisson	**fish** [fɪʃ]
légumes	**vegetables** ['vedʒɪtəblz]
Avez-vous des plats végétariens?	**Do you have vegetarian dishes?** [də ju hɛv vedʒɪ'teərɪən 'dɪʃɪz?]
Je ne mange pas de porc.	**I don't eat pork.** [aɪ dəʊnt i:t pɔ:k]
Il /elle/ ne mange pas de viande.	**He /she/ doesn't eat meat.** [hi /ʃi/ 'dʌznt i:t mi:t]
Je suis allergique à ...	**I am allergic to ...** [aɪ əm ə'lɜ:dʒɪk tə ...]

Pourriez-vous m'apporter ...,
s'il vous plaît.

Would you please bring me ...
[wʊd ju pliːz brɪŋ miː ...]

le sel | le poivre | du sucre

salt | pepper | sugar
[sɔːlt | 'pepə | 'ʃʊgə]

un café | un thé | un dessert

coffee | tea | dessert
['kɒfi | tiː | dɪ'zɜːt]

de l'eau | gazeuse | plate

water | sparkling | plain
['wɔːtə | 'spɑːklɪŋ | pleɪn]

une cuillère | une fourchette | un couteau

spoon | fork | knife
[spuːn | fɔːk | naɪf]

une assiette | une serviette

plate | napkin
[pleɪt | 'næpkɪn]

Bon appétit!

Enjoy your meal!
[ɪn'dʒɔɪ jɔː miːl!]

Un de plus, s'il vous plaît.

One more, please.
[wʌn mɔː, pliːz]

C'était délicieux.

It was very delicious.
[ɪt wəz 'veri dɪ'lɪʃəs]

---

l'addition | de la monnaie | le pourboire

check | change | tip
[tʃek | tʃeɪndʒ | tɪp]

L'addition, s'il vous plaît.

Check, please.
[tʃek, pliːz]

Puis-je payer avec la carte?

Can I pay by credit card?
[kən aɪ peɪ baɪ 'kredɪt kɑːd?]

Excusez-moi, je crois qu'il y a une
erreur ici.

I'm sorry, there's a mistake here.
[aɪm 'sɒri, ðeəz ə mɪ'steɪk hɪə]

Shopping. Faire les Magasins

Est-ce que je peux vous aider?

Can I help you?
[kən aɪ help ju?]

Avez-vous … ?

Do you have …?
[də ju hɛv …?]

Je cherche …

I'm looking for …
[aɪm 'lʊkɪŋ fə …]

Il me faut …

I need …
[aɪ niːd …]

Je regarde seulement, merci.

I'm just looking.
[aɪm dʒəst 'lʊkɪŋ]

Nous regardons seulement, merci.

We're just looking.
[wɪə dʒəst 'lʊkɪŋ]

Je reviendrai plus tard.

I'll come back later.
[aɪl kʌm bæk 'leɪtə]

On reviendra plus tard.

We'll come back later.
[wil kʌm bæk 'leɪtə]

Rabais | Soldes

discounts | sale
[dɪs'kaʊnts | seɪl]

Montrez-moi, s'il vous plaît …

Would you please show me …
[wʊd ju pliːz ʃəʊ miː …]

Donnez-moi, s'il vous plaît …

Would you please give me …
[wʊd ju pliːz ɡɪv miː …]

Est-ce que je peux l'essayer?

Can I try it on?
[kən aɪ traɪ ɪt ɒn?]

Excusez-moi, où est la cabine d'essayage?

Excuse me, where's the fitting room?
[ɪk'skjuːz miː, weəz ðə 'fɪtɪŋ ruːm?]

Quelle couleur aimeriez-vous?

Which color would you like?
[wɪtʃ 'kʌlər wʊd ju 'laɪk?]

taille | longueur

size | length
[saɪz | leŋθ]

Est-ce que la taille convient ?

How does it fit?
[haʊ dəz ɪt fɪt?]

Combien ça coûte?

How much is it?
[haʊ 'mʌtʃ ɪz ɪt?]

C'est trop cher.

That's too expensive.
[ðæts tuː ɪk'spensɪv]

Je vais le prendre.

I'll take it.
[aɪl teɪk ɪt]

Excusez-moi, où est la caisse?

Excuse me, where do I pay?
[ɪk'skjuːz miː, weə də aɪ peɪ?]

Payerez-vous comptant ou par carte de crédit?

Will you pay in cash or credit card?
[wɪl ju peɪ ɪn kæʃ ɔ: 'kredɪt kɑ:d?]

Comptant | par carte de crédit

In cash | with credit card
[ɪn kæʃ | wɪð 'kredɪt kɑ:d]

Voulez-vous un reçu?

Do you want the receipt?
[də ju wɒnt ðə rɪ'si:t?]

Oui, s'il vous plaît.

Yes, please.
[jes, pli:z]

Non, ce n'est pas nécessaire.

No, it's OK.
[nəʊ, ɪts əʊ'keɪ]

Merci. Bonne journée!

Thank you. Have a nice day!
[θæŋk ju. hɛv ə naɪs deɪ!]

En ville

Excusez-moi, ...	**Excuse me, please.** [ɪk'skjuːz miː, pliːz]
Je cherche ...	**I'm looking for ...** [aɪm 'lʊkɪŋ fə ...]

le métro	**the subway** [ðə 'sʌbweɪ]
mon hôtel	**my hotel** [maɪ həʊ'tel]
le cinéma	**the movie theater** [ðə 'muːvi 'θiːətə]
un arrêt de taxi	**a taxi stand** [ə 'tæksi stænd]

un distributeur	**an ATM** [ən eɪtiː'em]
un bureau de change	**a foreign exchange office** [ə 'fɒrən ɪk'stʃeɪndʒ 'ɒfɪs]
un café internet	**an internet café** [ən 'ɪntənet 'kæfeɪ]
la rue ...	**... street** [... striːt]
cette place-ci	**this place** [ðɪs 'pleɪs]

Savez-vous où se trouve ...?	**Do you know where ... is?** [də ju nəʊ weə ... ɪz?]
Quelle est cette rue?	**Which street is this?** [wɪtʃ striːt ɪs ðɪs?]
Montrez-moi où sommes-nous, s'il vous plaît.	**Show me where we are right now.** [ʃəʊ miː weə wi ə raɪt naʊ]

Est-ce que je peux y aller à pied?	**Can I get there on foot?** [kən aɪ get ðər ɒn fʊt?]
Avez-vous une carte de la ville?	**Do you have a map of the city?** [də ju hɛv ə mæp əv ðə 'sɪti?]

C'est combien pour un ticket?	**How much is a ticket to get in?** [haʊ 'mʌtʃ ɪz ə 'tɪkɪt tə get ɪn?]
Est-ce que je peux faire des photos?	**Can I take pictures here?** [kən aɪ teɪk 'pɪktʃəz hɪə?]
Êtes-vous ouvert?	**Are you open?** [ə ju 'əʊpən?]

À quelle heure ouvrez-vous?

When do you open?
[wen də ju 'əʊpən?]

À quelle heure fermez-vous?

When do you close?
[wen də ju kləʊz?]

L'argent

argent	**money** ['mʌni]
argent liquide	**cash** [kæʃ]
des billets	**paper money** ['peɪpə 'mʌni]
petite monnaie	**loose change** [luːs tʃeɪndʒ]
l'addition | de la monnaie | le pourboire	**check | change | tip** [tʃek | tʃeɪndʒ | tɪp]

carte de crédit	**credit card** ['kredɪt kɑːd]
portefeuille	**wallet** ['wɒlɪt]
acheter	**to buy** [tə baɪ]
payer	**to pay** [tə peɪ]
amende	**fine** [faɪn]
gratuit	**free** [friː]

Où puis-je acheter ... ?	**Where can I buy ...?** [weə kən aɪ baɪ ...?]
Est-ce que la banque est ouverte en ce moment?	**Is the bank open now?** [ɪz ðə bæŋk 'əʊpən naʊ?]
À quelle heure ouvre-t-elle?	**When does it open?** [wen dəz ɪt 'əʊpən?]
À quelle heure ferme-t-elle?	**When does it close?** [wen dəz ɪt kləʊz?]

C'est combien?	**How much?** [haʊ 'mʌtʃ?]
Combien ça coûte?	**How much is this?** [haʊ 'mʌtʃ ɪz ðɪs?]
C'est trop cher.	**That's too expensive.** [ðæts tuː ɪk'spensɪv]

Excusez-moi, où est la caisse?	**Excuse me, where do I pay?** [ɪk'skjuːz miː, weə də aɪ peɪ?]
L'addition, s'il vous plaît.	**Check, please.** [tʃek, pliːz]

Puis-je payer avec la carte?

Can I pay by credit card?
[kən aɪ peɪ baɪ 'kredɪt kɑːd?]

Est-ce qu'il y a un distributeur ici?

Is there an ATM here?
[ɪz ðər ən eɪti:'em hɪə?]

Je cherche un distributeur.

I'm looking for an ATM.
[aɪm 'lʊkɪŋ fər ən eɪti:'em]

Je cherche un bureau de change.

I'm looking for a foreign exchange office.
[aɪm 'lʊkɪŋ fər ə 'fɔrən ɪk'stʃeɪndʒ 'ɒfɪs]

Je voudrais changer …

I'd like to change …
[aɪd laɪk tə tʃeɪndʒ …]

Quel est le taux de change?

What is the exchange rate?
[wɒts ði ɪk'stʃeɪndʒ reɪt?]

Avez-vous besoin de mon passeport?

Do you need my passport?
[də ju niːd maɪ 'pɑːspɔːt?]

Le temps

Quelle heure est-il?	**What time is it?** [wɒt taɪm ɪz ɪt?]
Quand?	**When?** [wen?]
À quelle heure?	**At what time?** [ət wɒt taɪm?]
maintenant	plus tard	après ...	**now	later	after ...** [naʊ	'leɪtə	'ɑːftə ...]

une heure	**one o'clock** [wʌn ə'klɒk]
une heure et quart	**one fifteen** [wʌn fɪf'tiːn]
une heure et demie	**one thirty** [wʌn 'θɜːti]
deux heures moins quart	**one forty-five** [wʌn 'fɔːti faɪv]

un	deux	trois	**one	two	three** [wʌn	tuː	θriː]
quatre	cinq	six	**four	five	six** [fɔː	faɪv	sɪks]
sept	huit	neuf	**seven	eight	nine** [sevn	eɪt	naɪn]
dix	onze	douze	**ten	eleven	twelve** [ten	r'levn	twelv]

dans ...	**in ...** [ɪn ...]
cinq minutes	**five minutes** [faɪv 'mɪnɪts]
dix minutes	**ten minutes** [ten 'mɪnɪts]
quinze minutes	**fifteen minutes** [fɪf'tiːn 'mɪnɪts]
vingt minutes	**twenty minutes** ['twenti 'mɪnɪts]

une demi-heure	**half an hour** [hɑːf ən 'aʊə]
une heure	**an hour** [ən 'aʊə]

dans la matinée	**in the morning** [ɪn ðə 'mɔːnɪŋ]
tôt le matin	**early in the morning** ['ɜːlɪ ɪn ðə 'mɔːnɪŋ]
ce matin	**this morning** [ðɪs 'mɔːnɪŋ]
demain matin	**tomorrow morning** [tə'mɒrəʊ 'mɔːnɪŋ]
à midi	**at noon** [ət nuːn]
dans l'après-midi	**in the afternoon** [ɪn ðɪ ɑːftə'nuːn]
dans la soirée	**in the evening** [ɪn ðɪ 'iːvnɪŋ]
ce soir	**tonight** [tə'naɪt]
la nuit	**at night** [ət naɪt]
hier	**yesterday** ['jestədɪ]
aujourd'hui	**today** [tə'deɪ]
demain	**tomorrow** [tə'mɒrəʊ]
après-demain	**the day after tomorrow** [ðə deɪ 'ɑːftə tə'mɒrəʊ]
Quel jour sommes-nous aujourd'hui?	**What day is it today?** [wɒt deɪ ɪz ɪt tə'deɪ?]
Nous sommes ...	**It's ...** [ɪts ...]
lundi	**Monday** ['mʌndɪ]
mardi	**Tuesday** ['tjuːzdɪ]
mercredi	**Wednesday** ['wenzdɪ]
jeudi	**Thursday** ['θɜːzdɪ]
vendredi	**Friday** ['fraɪdɪ]
samedi	**Saturday** ['sætədɪ]
dimanche	**Sunday** ['sʌndɪ]

Salutations - Introductions

Bonjour.	**Hello.** [hə'ləʊ]
Enchanté /Enchantée/	**Pleased to meet you.** [pli:zd tə mi:t ju]
Moi aussi.	**Me too.** [mi: tu:]
Je voudrais vous présenter ...	**I'd like you to meet ...** [aɪd laɪk ju tə mi:t ...]
Ravi /Ravie/ de vous rencontrer.	**Nice to meet you.** [naɪs tə mi:t ju]

Comment allez-vous?	**How are you?** [haʊ ə ju?]
Je m'appelle ...	**My name is ...** [maɪ neɪm ɪz ...]
Il s'appelle ...	**His name is ...** [hɪz neɪm ɪz ...]
Elle s'appelle ...	**Her name is ...** [hə neɪm ɪz ...]
Comment vous appelez-vous?	**What's your name?** [wɒts jɔ: neɪm?]
Quel est son nom?	**What's his name?** [wɒts ɪz neɪm?]
Quel est son nom?	**What's her name?** [wɒts hə neɪm?]

Quel est votre nom de famille?	**What's your last name?** [wɒts jɔ: lɑ:st neɪm?]
Vous pouvez m'appeler ...	**You can call me ...** [ju kən kɔ:l mi: ...]
D'où êtes-vous?	**Where are you from?** [weər ə ju frɒm?]
Je suis de ...	**I'm from ...** [aɪm frəm ...]
Qu'est-ce que vous faites dans la vie?	**What do you do for a living?** [wɒt də ju də fər ə 'lɪvɪŋ?]
Qui est-ce?	**Who is this?** [hu: ɪz ðɪs?]
Qui est-il?	**Who is he?** [hu: ɪz hi?]
Qui est-elle?	**Who is she?** [hu: ɪz ʃi?]
Qui sont-ils?	**Who are they?** [hu: ə ðeɪ?]

C'est ...	**This is ...** [ðɪs ɪz ...]
mon ami	**my friend** [maɪ frend]
mon amie	**my friend** [maɪ frend]
mon mari	**my husband** [maɪ 'hʌzbənd]
ma femme	**my wife** [maɪ waɪf]
mon père	**my father** [maɪ 'fɑːðə]
ma mère	**my mother** [maɪ 'mʌðə]
mon frère	**my brother** [maɪ 'brʌðə]
ma sœur	**my sister** [maɪ 'sɪstə]
mon fils	**my son** [maɪ sʌn]
ma fille	**my daughter** [maɪ 'dɔːtə]
C'est notre fils.	**This is our son.** [ðɪs ɪz 'auə sʌn]
C'est notre fille.	**This is our daughter.** [ðɪs ɪz 'auə 'dɔːtə]
Ce sont mes enfants.	**These are my children.** [ði:z ə maɪ 'tʃɪldrən]
Ce sont nos enfants.	**These are our children.** [ði:z ə 'auə 'tʃɪldrən]

Les adieux

Au revoir!	**Good bye!** [gʊd baɪ!]
Salut!	**Bye!** [baɪ!]
À demain.	**See you tomorrow.** [si: ju tə'mɒrəʊ]
À bientôt.	**See you soon.** [si: ju su:n]
On se revoit à sept heures.	**See you at seven.** [si: ju ət sevn]

Amusez-vous bien!	**Have fun!** [hɛv fʌn!]
On se voit plus tard.	**Talk to you later.** [tɔ:k tə ju 'leɪtə]
Bonne fin de semaine.	**Have a nice weekend.** [hɛv ə naɪs wi:k'end]
Bonne nuit.	**Good night.** [gʊd naɪt]

Il est l'heure que je parte.	**It's time for me to go.** [ɪts taɪm fə mi: tə gəʊ]
Je dois m'en aller.	**I have to go.** [aɪ hɛv tə gəʊ]
Je reviens tout de suite.	**I will be right back.** [aɪ wɪl bi raɪt bæk]

Il est tard.	**It's late.** [ɪts leɪt]
Je dois me lever tôt.	**I have to get up early.** [aɪ hɛv tə get 'ʌp 'ɜ:li]
Je pars demain.	**I'm leaving tomorrow.** [aɪm 'li:vɪŋ tə'mɒrəʊ]
Nous partons demain.	**We're leaving tomorrow.** [wɪə 'li:vɪŋ tə'mɒrəʊ]

Bon voyage!	**Have a nice trip!** [hɛv ə naɪs trɪp!]
Enchanté de faire votre connaissance.	**It was nice meeting you.** [ɪt wəz naɪs 'mi:tɪŋ ju]
Heureux /Heureuse/ d'avoir parlé avec vous.	**It was nice talking to you.** [ɪt wəz naɪs 'tɔ:kɪŋ tə ju]
Merci pour tout.	**Thanks for everything.** [θæŋks fər 'evrɪθɪŋ]

Je me suis vraiment amusé /amusée/ | **I had a very good time.**
[aɪ həd ə 'veri gʊd taɪm]

Nous nous sommes vraiment amusés /amusées/ | **We had a very good time.**
[wi həd ə 'veri gʊd taɪm]

C'était vraiment plaisant. | **It was really great.**
[ɪt wəz 'rɪəli greɪt]

Vous allez me manquer. | **I'm going to miss you.**
[aɪm 'gəʊɪŋ tə mɪs ju]

Vous allez nous manquer. | **We're going to miss you.**
[wɪə 'gəʊɪŋ tə mɪs ju]

Bonne chance! | **Good luck!**
[gʊd lʌk!]

Mes salutations à … | **Say hi to …**
[seɪ haɪ tə …]

Une langue étrangère

Je ne comprends pas.	**I don't understand.** [aɪ dəʊnt ʌndə'stænd]
Écrivez-le, s'il vous plaît.	**Write it down, please.** [raɪt ɪt daʊn, pliːz]
Parlez-vous …?	**Do you speak …?** [də ju spiːk …?]

Je parle un peu …	**I speak a little bit of …** [aɪ spiːk ə lɪtl bɪt əv …]
anglais	**English** ['ɪŋglɪʃ]
turc	**Turkish** ['tɜːkɪʃ]
arabe	**Arabic** ['ærəbɪk]
français	**French** [frenʧ]

allemand	**German** ['dʒɜːmən]
italien	**Italian** [ɪ'tæljən]
espagnol	**Spanish** ['spænɪʃ]
portugais	**Portuguese** [pɔːʧʊ'giːz]
chinois	**Chinese** [ʧaɪ'niːz]
japonais	**Japanese** [dʒæpə'niːz]

Pouvez-vous le répéter, s'il vous plaît.	**Can you repeat that, please.** [kən ju rɪ'piːt ðæt, pliːz]
Je comprends.	**I understand.** [aɪ ʌndə'stænd]
Je ne comprends pas.	**I don't understand.** [aɪ dəʊnt ʌndə'stænd]
Parlez plus lentement, s'il vous plaît.	**Please speak more slowly.** [pliːz spiːk mɔː 'sləʊli]

Est-ce que c'est correct?	**Is that correct?** [ɪz ðət kə'rekt?]
Qu'est-ce que c'est?	**What is this?** [wɒts ðɪs?]

Les excuses

Excusez-moi, s'il vous plaît.	**Excuse me, please.** [ɪk'skjuːz miː, pliːz]
Je suis désolé /désolée/	**I'm sorry.** [aɪm 'sɒri]
Je suis vraiment /désolée/	**I'm really sorry.** [aɪm 'rɪəli 'sɒri]
Désolé /Désolée/, c'est ma faute.	**Sorry, it's my fault.** ['sɒri, ɪts maɪ fɔːt]
Au temps pour moi.	**My mistake.** [maɪ mɪ'steɪk]

Puis-je … ?	**May I …?** [meɪ aɪ …?]
Ça vous dérange si je …?	**Do you mind if I …?** [də ju maɪnd ɪf aɪ …?]
Ce n'est pas grave.	**It's OK.** [ɪts əʊ'keɪ]
Ça va.	**It's all right.** [ɪts ɔːl raɪt]
Ne vous inquiétez pas.	**Don't worry about it.** [dəʊnt 'wʌri ə'baʊt ɪt]

Les accords

Oui	**Yes.** [jes]
Oui, bien sûr.	**Yes, sure.** [jes, ʃʊə]
Bien.	**OK (Good!)** [əʊ'keɪ (gʊd!)]
Très bien.	**Very well.** ['veri wel]
Bien sûr!	**Certainly!** ['sɜːtnli!]
Je suis d'accord.	**I agree.** [aɪ ə'griː]

C'est correct.	**That's correct.** [ðæts kə'rekt]
C'est exact.	**That's right.** [ðæts raɪt]
Vous avez raison.	**You're right.** [jʊə raɪt]
Je ne suis pas contre.	**I don't mind.** [aɪ dəʊnt maɪnd]
Tout à fait correct.	**Absolutely right.** ['æbsəluːtli raɪt]

C'est possible.	**It's possible.** [ɪts 'pɒsəbl]
C'est une bonne idée.	**That's a good idea.** [ðæts ə gʊd aɪ'dɪə]
Je ne peux pas dire non.	**I can't say no.** [aɪ kɑːnt 'seɪ nəʊ]
J'en serai ravi /ravie/	**I'd be happy to.** [aɪd bi 'hæpi tuː]
Avec plaisir.	**With pleasure.** [wɪð 'pleʒə]

Refus, exprimer le doute

Non	**No.** [nəʊ]
Absolument pas.	**Certainly not.** ['sɜːtnli nɒt]
Je ne suis pas d'accord.	**I don't agree.** [aɪ dəʊnt ə'griː]
Je ne le crois pas.	**I don't think so.** [aɪ dəʊnt 'θɪŋk 'səʊ]
Ce n'est pas vrai.	**It's not true.** [ɪts nɒt truː]

Vous avez tort.	**You are wrong.** [ju ə rɒŋ]
Je pense que vous avez tort.	**I think you are wrong.** [aɪ θɪŋk ju ə rɒŋ]
Je ne suis pas sûr /sûre/	**I'm not sure.** [aɪm nɒt ʃʊə]

C'est impossible.	**It's impossible.** [ɪts ɪm'pɒsəbl]
Pas du tout!	**No way!** [nəʊ 'weɪ!]

Au contraire!	**The exact opposite.** [ði ɪg'zækt 'ɒpəzɪt]
Je suis contre.	**I'm against it.** [aɪm ə'genst ɪt]
Ça m'est égal.	**I don't care.** [aɪ dəʊnt 'keə]
Je n'ai aucune idée.	**I have no idea.** [aɪ hɛv nəʊ aɪ'dɪə]
Je doute que cela soit ainsi.	**I doubt that.** [aɪ daʊt ðæt]

Désolé /Désolée/, je ne peux pas.	**Sorry, I can't.** ['sɒri, aɪ kɑːnt]
Désolé /Désolée/, je ne veux pas.	**Sorry, I don't want to.** ['sɒri, aɪ dəʊnt wɒnt tuː]

Merci, mais ça ne m'intéresse pas.	**Thank you, but I don't need this.** [θæŋk ju, bət aɪ dəʊnt niːd ðɪs]
Il se fait tard.	**It's late.** [ɪts leɪt]

Je dois me lever tôt.

I have to get up early.
[aɪ hɛv tə get 'ʌp 'ɜːli]

Je ne me sens pas bien.

I don't feel well.
[aɪ dəʊnt fiːl wel]

Exprimer la gratitude

Merci.	**Thank you.** [θæŋk ju]
Merci beaucoup.	**Thank you very much.** [θæŋk ju 'veri 'mʌtʃ]
Je l'apprécie beaucoup.	**I really appreciate it.** [aɪ 'rɪəli ə'priːʃieɪt ɪt]
Je vous suis très reconnaissant.	**I'm really grateful to you.** [aɪm 'rɪəli 'greɪtfəl tə ju]
Nous vous sommes très reconnaissant.	**We are really grateful to you.** [wi ə 'rɪəli 'greɪtfəl tə ju]
Merci pour votre temps.	**Thank you for your time.** [θæŋk ju fə jɔː taɪm]
Merci pour tout.	**Thanks for everything.** [θæŋks fər 'evrɪθɪŋ]
Merci pour ...	**Thank you for ...** [θæŋk ju fə ...]
votre aide	**your help** [jɔː help]
les bons moments passés	**a nice time** [ə naɪs taɪm]
un repas merveilleux	**a wonderful meal** [ə 'wʌndəfəl miːl]
cette agréable soirée	**a pleasant evening** [ə pleznt 'iːvnɪŋ]
cette merveilleuse journée	**a wonderful day** [ə 'wʌndəfəl deɪ]
une excursion extraordinaire	**an amazing journey** [ən ə'meɪzɪŋ 'dʒɜːni]
Il n'y a pas de quoi.	**Don't mention it.** [dəʊnt menʃn ɪt]
Vous êtes les bienvenus.	**You are welcome.** [ju ə 'welkəm]
Mon plaisir.	**Any time.** ['eni taɪm]
J'ai été heureux /heureuse/ de vous aider.	**My pleasure.** [maɪ 'pleʒə]
Ça va. N'y pensez plus.	**Forget it. It's alright.** [fə'get ɪt. its əlraɪt]
Ne vous inquiétez pas.	**Don't worry about it.** [dəʊnt 'wʌri ə'baʊt ɪt]

Félicitations. Vœux de fête

Félicitations!	**Congratulations!** [kəngrætʊˈleɪʃnz!]
Joyeux anniversaire!	**Happy birthday!** [ˈhæpi ˈbɜːθdeɪ!]
Joyeux Noël!	**Merry Christmas!** [ˈmeri ˈkrɪsməs!]
Bonne Année!	**Happy New Year!** [ˈhæpi njuː ˈjiə!]

Joyeuses Pâques!	**Happy Easter!** [ˈhæpi ˈiːstə!]
Joyeux Hanoukka!	**Happy Hanukkah!** [ˈhæpi ˈhɑːnəkə!]

Je voudrais proposer un toast.	**I'd like to propose a toast.** [aɪd laɪk tə prəˈpəʊz ə təʊst]
Santé!	**Cheers!** [tʃɪəz!]
Buvons à …!	**Let's drink to …!** [lets drɪŋk tə …!]
À notre succès!	**To our success!** [tu ˈaʊə səkˈses!]
À votre succès!	**To your success!** [tə jɔː səkˈses!]

Bonne chance!	**Good luck!** [gʊd lʌk!]
Bonne journée!	**Have a nice day!** [hæv ə naɪs deɪ!]
Passez de bonnes vacances !	**Have a good holiday!** [hæv ə gʊd ˈhɒlədeɪ!]
Bon voyage!	**Have a safe journey!** [hæv ə seɪf ˈdʒɜːni!]
Rétablissez-vous vite.	**I hope you get better soon!** [aɪ həʊp ju get ˈbetə suːn!]

Socialiser

Pourquoi êtes-vous si triste?	**Why are you sad?** [waɪ ə ju sæd?]
Souriez!	**Smile!** [smaɪl!]
Êtes-vous libre ce soir?	**Are you free tonight?** [ə ju fri: təˈnaɪt?]
Puis-je vous offrir un verre?	**May I offer you a drink?** [meɪ aɪ ˈɒfə ju ə drɪŋk?]
Voulez-vous danser?	**Would you like to dance?** [wʊd ju laɪk tə dɑːns?]
Et si on va au cinéma?	**Let's go to the movies.** [lets gəʊ tə ðə ˈmuːvɪz]
Puis-je vous inviter ...	**May I invite you to ...?** [meɪ aɪ ɪnˈvaɪt ju tə ...?]
au restaurant	**a restaurant** [ə ˈrestrɒnt]
au cinéma	**the movies** [ðə ˈmuːvɪz]
au théâtre	**the theater** [ðə ˈθiːətə]
pour une promenade	**go for a walk** [gəʊ fər ə wɔːk]
À quelle heure?	**At what time?** [ət wɒt taɪm?]
ce soir	**tonight** [təˈnaɪt]
à six heures	**at six** [ət sɪks]
à sept heures	**at seven** [ət sevn]
à huit heures	**at eight** [ət eɪt]
à neuf heures	**at nine** [ət naɪn]
Est-ce que vous aimez cet endroit?	**Do you like it here?** [də ju laɪk ɪt hɪə?]
Êtes-vous ici avec quelqu'un?	**Are you here with someone?** [ə ju hɪə wɪð ˈsʌmwʌn?]
Je suis avec mon ami.	**I'm with my friend.** [aɪm wɪð maɪ ˈfrend]

Je suis avec mes amis.

I'm with my friends.
[aɪm wɪð maɪ frendz]

Non, je suis seul /seule/

No, I'm alone.
[nəʊ, aɪm ə'ləʊn]

As-tu un copain?

Do you have a boyfriend?
[də ju hɛv ə 'bɔɪfrend?]

J'ai un copain.

I have a boyfriend.
[aɪ hɛv ə 'bɔɪfrend]

As-tu une copine?

Do you have a girlfriend?
[də ju hɛv ə 'gɜːlfrend?]

J'ai une copine.

I have a girlfriend.
[aɪ hɛv ə 'gɜːlfrend]

Est-ce que je peux te revoir?

Can I see you again?
[kən aɪ siː ju ə'gen?]

Est-ce que je peux t'appeler?

Can I call you?
[kən aɪ kɔːl ju?]

Appelle-moi.

Call me.
[kɔːl miː]

Quel est ton numéro?

What's your number?
[wɒts jɔː 'nʌmbə?]

Tu me manques.

I miss you.
[aɪ mɪs ju]

Vous avez un très beau nom.

You have a beautiful name.
[ju hɛv ə 'bjuːtəfl neɪm]

Je t'aime.

I love you.
[aɪ lʌv ju]

Veux-tu te marier avec moi?

Will you marry me?
[wɪl ju 'mæri miː?]

Vous plaisantez!

You're kidding!
[jə 'kɪdɪŋ!]

Je plaisante.

I'm just kidding.
[aɪm dʒəst 'kɪdɪŋ]

Êtes-vous sérieux /sérieuse/?

Are you serious?
[ə ju 'sɪərɪəs?]

Je suis sérieux /sérieuse/

I'm serious.
[aɪm 'sɪərɪəs]

Vraiment?!

Really?!
['rɪəli?!]

C'est incroyable!

It's unbelievable!
[ɪts ʌnbɪ'liːvəbl!]

Je ne vous crois pas.

I don't believe you.
[aɪ dəʊnt bɪ'liːv ju]

Je ne peux pas.

I can't.
[aɪ kɑːnt]

Je ne sais pas.

I don't know.
[aɪ dəʊnt nəʊ]

Je ne vous comprends pas

I don't understand you.
[aɪ dəʊnt ʌndə'stænd ju]

Laissez-moi! Allez-vous-en!

Please go away.
[pliːz gəʊ əˈweɪ]

Laissez-moi tranquille!

Leave me alone!
[liːv miː əˈləʊn!]

Je ne le supporte pas.

I can't stand him.
[aɪ kɑːnt stænd hɪm]

Vous êtes dégoûtant!

You are disgusting!
[juː ə dɪsˈɡʌstɪŋ!]

Je vais appeler la police!

I'll call the police!
[aɪl kɔːl ðə pəˈliːs!]

Partager des impressions. Émotions

J'aime ça.	**I like it.** [aɪ laɪk ɪt]
C'est gentil.	**Very nice.** ['veri naɪs]
C'est super!	**That's great!** [ðæts 'greɪt!]
C'est assez bien.	**It's not bad.** [ɪts nɒt bæd]

Je n'aime pas ça.	**I don't like it.** [aɪ dəʊnt laɪk ɪt]
Ce n'est pas bien.	**It's not good.** [ɪts nɒt gʊd]
C'est mauvais.	**It's bad.** [ɪts bæd]
Ce n'est pas bien du tout.	**It's very bad.** [ɪts 'veri bæd]
C'est dégoûtant.	**It's disgusting.** [ɪts dɪs'gʌstɪŋ]

Je suis content /contente/	**I'm happy.** [aɪm 'hæpi]
Je suis heureux /heureuse/	**I'm content.** [aɪm kən'tent]
Je suis amoureux /amoureuse/	**I'm in love.** [aɪm ɪn lʌv]
Je suis calme.	**I'm calm.** [aɪm kɑ:m]
Je m'ennuie.	**I'm bored.** [aɪm bɔ:d]

Je suis fatigué /fatiguée/	**I'm tired.** [aɪm 'taɪəd]
Je suis triste.	**I'm sad.** [aɪm sæd]
J'ai peur.	**I'm frightened.** [aɪm 'fraɪtnd]

Je suis fâché /fâchée/	**I'm angry.** [aɪm 'æŋgri]
Je suis inquiet /inquiète/	**I'm worried.** [aɪm 'wʌrɪd]
Je suis nerveux /nerveuse/	**I'm nervous.** [aɪm 'nɜ:vəs]

Je suis jaloux /jalouse/

I'm jealous.
[aɪm 'dʒeləs]

Je suis surpris /surprise/

I'm surprised.
[aɪm sə'praɪzd]

Je suis gêné /gênée/

I'm perplexed.
[aɪm pə'plekst]

Problèmes. Accidents

J'ai un problème.	**I've got a problem.** [aɪv gɒt ə 'prɒbləm]
Nous avons un problème.	**We've got a problem.** [wiv gɒt ə 'prɒbləm]
Je suis perdu /perdue/	**I'm lost.** [aɪm lɒst]
J'ai manqué le dernier bus (train).	**I missed the last bus (train).** [aɪ mɪst ðə lɑ:st bʌs (treɪn)]
Je n'ai plus d'argent.	**I don't have any money left.** [aɪ dəʊnt hɛv 'eni 'mʌni left]

J'ai perdu mon ...	**I've lost my ...** [aɪv lɒst maɪ ...]
On m'a volé mon ...	**Someone stole my ...** ['sʌmwʌn stəʊl maɪ ...]
passeport	**passport** ['pɑ:spɔ:t]
portefeuille	**wallet** ['wɒlɪt]
papiers	**papers** ['peɪpəz]
billet	**ticket** ['tɪkɪt]

argent	**money** ['mʌni]
sac à main	**handbag** ['hændbæg]
appareil photo	**camera** ['kæmərə]
portable	**laptop** ['læptɒp]
ma tablette	**tablet computer** ['tæblɪt kəm'pju:tə]
mobile	**mobile phone** ['məʊbaɪl fəʊn]

Au secours!	**Help me!** [help mi:!]
Qu'est-il arrivé?	**What's happened?** [wɒts 'hæpənd?]
un incendie	**fire** ['faɪə]

des coups de feu	**shooting** ['ʃuːtɪŋ]
un meurtre	**murder** [a 'mɜːdə]
une explosion	**explosion** [ɪk'spləʊʒn]
une bagarre	**fight** [a faɪt]

Appelez la police!	**Call the police!** [kɔːl ðə pə'liːs!]
Dépêchez-vous, s'il vous plaît!	**Please hurry up!** [pliːz 'hʌri ʌp!]
Je cherche le commissariat de police.	**I'm looking for the police station.** [aɪm 'lʊkɪŋ fər ðə pə'liːs steɪʃn]
Il me faut faire un appel.	**I need to make a call.** [aɪ niːd tə meɪk ə kɔːl]
Puis-je utiliser votre téléphone?	**May I use your phone?** [meɪ aɪ juːz jɔː fəʊn?]

J'ai été ...	**I've been ...** [aɪv biːn ...]
agressé /agressée/	**mugged** [mʌgd]
volé /volée/	**robbed** [rɒbd]
violée	**raped** [reɪpt]
attaqué /attaquée/	**attacked** [ə'tækt]

Est-ce que ça va?	**Are you all right?** [ə ju ɔːl raɪt?]
Avez-vous vu qui c'était?	**Did you see who it was?** [dɪd ju siː huː ɪt wɒz?]
Pourriez-vous reconnaître cette personne?	**Would you be able to recognize the person?** [wʊd ju bi eɪbl tə 'rekəgnaɪz ðə 'pɜːsn]
Vous êtes sûr?	**Are you sure?** [ə ju ʃʊə?]

Calmez-vous, s'il vous plaît.	**Please calm down.** [pliːz kɑːm daʊn]
Calmez-vous!	**Take it easy!** [teɪk ɪt 'iːzi!]
Ne vous inquiétez pas.	**Don't worry!** [dəʊnt 'wʌri!]
Tout ira bien.	**Everything will be fine.** ['evrɪθɪŋ wɪl bi faɪn]
Ça va. Tout va bien.	**Everything's all right.** ['evrɪθɪŋz ɔːl raɪt]

Venez ici, s'il vous plaît.

Come here, please.
[kʌm hɪə, pliːz]

J'ai des questions à vous poser.

I have some questions for you.
[aɪ hɛv səm 'kwestʃənz fə ju]

Attendez un moment, s'il vous plaît.

Wait a moment, please.
[weɪt ə 'məʊmənt, pliːz]

Avez-vous une carte d'identité?

Do you have any I.D.?
[də ju hɛv 'eni aɪ diː.?]

Merci. Vous pouvez partir maintenant.

Thanks. You can leave now.
[θæŋks. ju kən liːv naʊ]

Les mains derrière la tête!

Hands behind your head!
[hændz bɪ'haɪnd jɔː hed!]

Vous êtes arrêté!

You're under arrest!
[jər 'ʌndər ə'rest!]

Problèmes de santé

Aidez-moi, s'il vous plaît.	**Please help me.** [pli:z help mi:]
Je ne me sens pas bien.	**I don't feel well.** [aɪ dəʊnt fi:l wel]
Mon mari ne se sent pas bien.	**My husband doesn't feel well.** [maɪ 'hʌzbənd 'dʌznt fi:l wel]
Mon fils ...	**My son ...** [maɪ sʌn ...]
Mon père ...	**My father ...** [maɪ 'fɑ:ðə ...]
Ma femme ne se sent pas bien.	**My wife doesn't feel well.** [maɪ waɪf 'dʌznt fi:l wel]
Ma fille ...	**My daughter ...** [maɪ 'dɔ:tə ...]
Ma mère ...	**My mother ...** [maɪ 'mʌðə ...]
J'ai mal ...	**I've got a ...** [aɪv gɒt ə ...]
à la tête	**headache** ['hedeɪk]
à la gorge	**sore throat** [sɔ: θrəʊt]
à l'estomac	**stomach ache** ['stʌmək eɪk]
aux dents	**toothache** ['tu:θeɪk]
J'ai le vertige.	**I feel dizzy.** [aɪ fi:l 'dɪzi]
Il a de la fièvre.	**He has a fever.** [hi həz ə 'fi:və]
Elle a de la fièvre.	**She has a fever.** [ʃi həz ə 'fi:və]
Je ne peux pas respirer.	**I can't breathe.** [aɪ kɑ:nt bri:ð]
J'ai du mal à respirer.	**I'm short of breath.** [aɪm ʃɔ:t əv breθ]
Je suis asthmatique.	**I am asthmatic.** [aɪ əm æs'mætɪk]
Je suis diabétique.	**I am diabetic.** [aɪ əm daɪə'betɪk]

Je ne peux pas dormir.	**I can't sleep.** [aɪ kɑːnt sliːp]
intoxication alimentaire	**food poisoning** [fuːd 'pɔɪznɪŋ]

Ça fait mal ici.	**It hurts here.** [ɪt hɜːts hɪə]
Aidez-moi!	**Help me!** [help miː!]
Je suis ici!	**I am here!** [aɪ əm hɪə!]
Nous sommes ici!	**We are here!** [wi ə hɪə!]
Sortez-moi d'ici!	**Get me out of here!** [get miː aʊt əv hɪə!]
J'ai besoin d'un docteur.	**I need a doctor.** [aɪ niːd ə 'dɒktə]
Je ne peux pas bouger!	**I can't move.** [aɪ kɑːnt muːv!]
Je ne peux pas bouger mes jambes.	**I can't move my legs.** [aɪ kɑːnt muːv maɪ legz]

Je suis blessé /blessée/	**I have a wound.** [aɪ hɛv ə wuːnd]
Est-ce que c'est sérieux?	**Is it serious?** [ɪz ɪt 'sɪərɪəs?]
Mes papiers sont dans ma poche.	**My documents are in my pocket.** [maɪ 'dɒkjuments ər ɪn maɪ 'pɒkɪt]
Calmez-vous!	**Calm down!** [kɑːm daʊn!]
Puis-je utiliser votre téléphone?	**May I use your phone?** [meɪ aɪ juːz jɔː fəʊn?]

Appelez une ambulance!	**Call an ambulance!** [kɔːl ən 'æmbjələns!]
C'est urgent!	**It's urgent!** [ɪts 'ɜːdʒənt!]
C'est une urgence!	**It's an emergency!** [ɪts ən ɪ'mɜːdʒənsi!]
Dépêchez-vous, s'il vous plaît!	**Please hurry up!** [pliːz 'hʌri 'ʌp!]
Appelez le docteur, s'il vous plaît.	**Would you please call a doctor?** [wʊd ju pliːz kɔːl ə 'dɒktə?]
Où est l'hôpital?	**Where is the hospital?** [weə ɪz ðə 'hɒspɪtl?]

Comment vous sentez-vous?	**How are you feeling?** [haʊ ə ju 'fiːlɪŋ?]
Est-ce que ça va?	**Are you all right?** [ə ju ɔːl raɪt?]
Qu'est-il arrivé?	**What's happened?** [wɒts 'hæpənd?]

Je me sens mieux maintenant.
I feel better now.
[aɪ fiːl 'betə naʊ]

Ça va. Tout va bien.
It's OK.
[ɪts əʊ'keɪ]

Ça va.
It's all right.
[ɪts ɔːl raɪt]

À la pharmacie

pharmacie	**Pharmacy (drugstore)** ['fɑ:məsi ('drʌgstɔ:)]
pharmacie 24 heures	**24-hour pharmacy** ['twenti fɔ:r 'aʊə 'fɑ:məsi]
Où se trouve la pharmacie la plus proche?	**Where is the closest pharmacy?** [weə ɪz ðə 'kləʊsɪst 'fɑ:məsi?]
Est-elle ouverte en ce moment?	**Is it open now?** [ɪz ɪt 'əʊpən naʊ?]
À quelle heure ouvre-t-elle?	**At what time does it open?** [ət wɒt taɪm dəz ɪt 'əʊpən?]
à quelle heure ferme-t-elle?	**At what time does it close?** [ət wɒt taɪm dəz ɪt kləʊz?]
C'est loin?	**Is it far?** [ɪz ɪt fɑ:?]
Est-ce que je peux y aller à pied?	**Can I get there on foot?** [kən aɪ get ðər ɒn fʊt?]
Pouvez-vous me le montrer sur la carte?	**Can you show me on the map?** [kən ju ʃəʊ mi: ɒn ðə mæp?]
Pouvez-vous me donner quelque chose contre …	**Please give me something for …** [pli:z gɪv mi: 'sʌmθɪŋ fə …]
le mal de tête	**a headache** [ə 'hedeɪk]
la toux	**a cough** [ə kɒf]
le rhume	**a cold** [ə kəʊld]
la grippe	**the flu** [ðə flu:]
la fièvre	**a fever** [ə 'fi:və]
un mal d'estomac	**a stomach ache** [ə 'stʌmək eɪk]
la nausée	**nausea** ['nɔ:sɪə]
la diarrhée	**diarrhea** [daɪə'rɪə]
la constipation	**constipation** [kɒnstɪ'peɪʃn]
un mal de dos	**pain in the back** [peɪn ɪn ðə 'bæk]

les douleurs de poitrine	**chest pain** [tʃest peɪn]
les points de côté	**side stitch** [saɪd stɪtʃ]
les douleurs abdominales	**abdominal pain** [æb'dɒmɪnəl peɪn]

une pilule	**pill** [pɪl]
un onguent, une crème	**ointment, cream** ['ɔɪntmənt, kri:m]
un sirop	**syrup** ['sɪrəp]
un spray	**spray** [sprɛj]
les gouttes	**drops** [drɒps]

Vous devez allez à l'hôpital.	**You need to go to the hospital.** [ju ni:d tə gəʊ tə ðə 'hɒspɪtl]
assurance maladie	**health insurance** [helθ ɪn'ʃʊərəns]
prescription	**prescription** [prɪ'skrɪpʃn]
produit anti-insecte	**insect repellant** ['ɪnsekt rɪ'pelənt]
bandages adhésifs	**sticking plaster** ['stɪkɪŋ 'plastə]

Les essentiels

Excusez-moi, ...	**Excuse me, ...** [ɪk'skjuːz miː, ...]
Bonjour	**Hello.** [hə'ləʊ]
Merci	**Thank you.** [θæŋk juː]
Au revoir	**Good bye.** [gʊd baɪ]
Oui	**Yes.** [jes]
Non	**No.** [nəʊ]
Je ne sais pas.	**I don't know.** [aɪ dəʊnt nəʊ]
Où? | Où? | Quand?	**Where? | Where to? | When?** [weə? | weə tuː? | wen?]
J'ai besoin de ...	**I need ...** [aɪ niːd ...]
Je veux ...	**I want ...** [aɪ wɒnt ...]
Avez-vous ... ?	**Do you have ...?** [də ju hɛv ...?]
Est-ce qu'il y a ... ici?	**Is there a ... here?** [ɪz ðər ə ... hɪə?]
Puis-je ... ?	**May I ...?** [meɪ aɪ ...?]
s'il vous plaît (pour une demande)	**..., please** [..., pliːz]
Je cherche ...	**I'm looking for ...** [aɪm 'lʊkɪŋ fə ...]
les toilettes	**restroom** ['restruːm]
un distributeur	**ATM** [eɪtiːˈem]
une pharmacie	**pharmacy, drugstore** ['fɑːməsi, 'drʌgstɔː]
l'hôpital	**hospital** ['hɒspɪtl]
le commissariat de police	**police station** [pə'liːs 'steɪʃn]
une station de métro	**subway** ['sʌbweɪ]

un taxi	**taxi** ['tæksi]
la gare	**train station** [treɪn 'steɪʃn]

Je m'appelle ...	**My name is ...** [maɪ 'neɪm ɪz ...]
Comment vous appelez-vous?	**What's your name?** [wɒts jɔ: 'neɪm?]
Aidez-moi, s'il vous plaît.	**Could you please help me?** [kəd ju pli:z help mi:?]
J'ai un problème.	**I've got a problem.** [av gɒt ə 'prɒbləm]
Je ne me sens pas bien.	**I don't feel well.** [aɪ dəʊnt fi:l wel]
Appelez une ambulance!	**Call an ambulance!** [kɔ:l ən 'æmbjələns!]
Puis-je faire un appel?	**May I make a call?** [meɪ aɪ 'meɪk ə kɔ:l?]

Excusez-moi.	**I'm sorry.** [aɪm 'sɒri]
Je vous en prie.	**You're welcome.** [juə 'welkəm]

je, moi	**I, me** [aɪ, mi]
tu, toi	**you** [ju]
il	**he** [hi]
elle	**she** [ʃi]
ils	**they** [ðeɪ]
elles	**they** [ðeɪ]
nous	**we** [wi]
vous	**you** [ju]
Vous	**you** [ju]

ENTRÉE	**ENTRANCE** ['entrɑ:ns]
SORTIE	**EXIT** ['eksɪt]
HORS SERVICE	EN PANNE	**OUT OF ORDER** [aʊt əv 'ɔ:də]
FERMÉ	**CLOSED** [kləʊzd]

OUVERT

OPEN
['əʊpən]

POUR LES FEMMES

FOR WOMEN
[fə 'wɪmɪn]

POUR LES HOMMES

FOR MEN
[fə men]

VOCABULAIRE THÉMATIQUE

Cette section contient plus
de 3000 des mots les plus
importants. Le dictionnaire
sera d'une aide indispensable
lors de voyages à l'étranger
puisque les mots individuels
sont souvent assez pour être
compris. Le dictionnaire
comprend une transcription
utile de chaque mot

T&P Books Publishing

CONTENU DU DICTIONNAIRE

T&P Books Publishing

T&P BOOKS

CONCEPTS DE BASE

T&P Books Publishing

1. Les pronoms

je	**I, me**	[aɪ], [miː]
tu	**you**	[juː]
il	**he**	[hiː]
elle	**she**	[ʃiː]
ça	**it**	[ɪt]
nous	**we**	[wiː]
vous	**you**	[juː]
ils, elles	**they**	[ðeɪ]

2. Adresser des vœux. Se dire bonjour

Bonjour! (fam.)	**Hello!**	[həˈləʊ]
Bonjour! (form.)	**Hello!**	[həˈləʊ]
Bonjour! (le matin)	**Good morning!**	[gʊd ˈmɔːnɪŋ]
Bonjour! (après-midi)	**Good afternoon!**	[gʊd ˌɑːftəˈnuːn]
Bonsoir!	**Good evening!**	[gʊd ˈiːvnɪŋ]
dire bonjour	**to say hello**	[tə seɪ həˈləʊ]
Salut!	**Hi!**	[haɪ]
salut (m)	**greeting**	[ˈgriːtɪŋ]
saluer (vt)	**to greet** (vt)	[tə griːt]
Comment ça va?	**How are you?**	[ˌhaʊ ə ˈjuː]
Quoi de neuf?	**What's new?**	[ˌwɒts ˈnjuː]
Au revoir!	**Bye-Bye! Goodbye!**	[baɪ-baɪ], [gʊdˈbaɪ]
À bientôt!	**See you soon!**	[ˈsiː ju ˌsuːn]
Adieu!	**Goodbye!**	[gʊdˈbaɪ]
dire au revoir	**to say goodbye**	[tə seɪ gʊdˈbaɪ]
Salut! (À bientôt!)	**So long!**	[ˌsəʊ ˈlɒŋ]
Merci!	**Thank you!**	[ˈθæŋk juː]
Merci beaucoup!	**Thank you very much!**	[ˈθæŋk ju ˈveri mʌtʃ]
Je vous en prie	**You're welcome.**	[jʊə ˈwelkəm]
Il n'y a pas de quoi	**Don't mention it!**	[ˌdəʊnt ˈmenʃən ɪt]
Excuse-moi! Excusez-moi!	**Excuse me, ...**	[ɪkˈskjuːz miː]
excuser (vt)	**to excuse** (vt)	[tə ɪkˈskjuːz]
s'excuser (vp)	**to apologize** (vi)	[tə əˈpɒlədʒaɪz]
Mes excuses	**My apologies.**	[maɪ əˈpɒlədʒɪz]

Pardonnez-moi!	I'm sorry!	[aɪm 'sɒrɪ]
C'est pas grave	It's okay!	[ɪts ˌəʊ'keɪ]
s'il vous plaît	please	[pli:z]

N'oubliez pas!	Don't forget!	[ˌdəʊnt fə'get]
Bien sûr!	Certainly!	['sɜːtənlɪ]
Bien sûr que non!	Of course not!	[əv ˌkɔːs 'nɒt]
D'accord!	Okay!	[ˌəʊ'keɪ]
Ça suffit!	That's enough!	[ðæts ɪ'nʌf]

3. Les questions

Qui?	Who?	[hu:]
Quoi?	What?	[wɒt]
Où? (~ es-tu?)	Where?	[weə]
Où? (~ vas-tu?)	Where?	[weə]
D'où?	From where?	[frɒm weə]
Quand?	When?	[wen]
Pourquoi? (~ es-tu venu?)	Why?	[waɪ]

À quoi bon?	What for?	[wɒt fɔ:(r)]
Comment?	How?	[haʊ]
Lequel?	Which?	[wɪtʃ]

À qui? (pour qui?)	To whom?	[tə hu:m]
De qui?	About whom?	[ə'baʊt ˌhu:m]
De quoi?	About what?	[ə'baʊt ˌwɒt]
Avec qui?	With whom?	[wɪð 'hu:m]
Combien? (dénombr.)	How many?	[ˌhaʊ 'menɪ]
Combien? (indénombr.)	How much?	[ˌhaʊ 'mʌtʃ]
À qui?	Whose?	[hu:z]

4. Les prépositions

avec (~ toi)	with	[wɪð]
sans (~ sucre)	without	[wɪ'ðaʊt]
à (aller ~...)	to	[tu:]
de (au sujet de)	about	[ə'baʊt]
avant (~ midi)	before	[bɪ'fɔ:(r)]
devant (~ la maison)	in front of ...	[ɪn 'frʌnt əv]

sous (~ la commode)	under	['ʌndə(r)]
au-dessus de ...	above	[ə'bʌv]
sur (dessus)	on	[ɒn]
de (venir ~ Paris)	from	[frɒm]
en (en bois, etc.)	of	[əv]
dans (~ deux heures)	in	[ɪn]
par dessus	over	['əʊvə(r)]

5. Les mots-outils. Les adverbes. Partie 1

Où? (~ es-tu?)	**Where?**	[weə]
ici (c'est ~)	**here**	[hɪə(r)]
là-bas (c'est ~)	**there**	[ðeə(r)]
quelque part (être)	**somewhere**	['sʌmweə(r)]
nulle part (adv)	**nowhere**	['nəʊweə(r)]
près de ...	**by**	[baɪ]
près de la fenêtre	**by the window**	[baɪ ðə 'wɪndəʊ]
Où? (~ vas-tu?)	**Where?**	[weə]
ici (Venez ~)	**here**	[hɪə(r)]
là-bas (j'irai ~)	**there**	[ðeə(r)]
d'ici (adv)	**from here**	[frɒm hɪə(r)]
de là-bas (adv)	**from there**	[frɒm ðeə(r)]
près (pas loin)	**close**	[kləʊs]
loin (adv)	**far**	[fɑː(r)]
pas loin (adv)	**not far**	[nɒt fɑː(r)]
gauche (adj)	**left**	[left]
à gauche (être ~)	**on the left**	[ɒn ðə left]
à gauche (tournez ~)	**to the left**	[tə ðə left]
droit (adj)	**right**	[raɪt]
à droite (être ~)	**on the right**	[ɒn ðə raɪt]
à droite (tournez ~)	**to the right**	[tə ðə raɪt]
devant (adv)	**in front**	[ɪn frʌnt]
de devant (adj)	**front**	[frʌnt]
en avant (adv)	**ahead**	[ə'hed]
derrière (adv)	**behind**	[bɪ'haɪnd]
par derrière (adv)	**from behind**	[frɒm bɪ'haɪnd]
en arrière (regarder ~)	**back**	[bæk]
milieu (m)	**middle**	['mɪdəl]
au milieu (adv)	**in the middle**	[ɪn ðə 'mɪdəl]
de côté (vue ~)	**at the side**	[ət ðə saɪd]
partout (adv)	**everywhere**	['evrɪweə(r)]
autour (adv)	**around**	[ə'raʊnd]
de l'intérieur	**from inside**	[frɒm ɪn'saɪd]
quelque part (aller)	**somewhere**	['sʌmweə(r)]
tout droit (adv)	**straight**	[streɪt]
en arrière (revenir ~)	**back**	[bæk]
de quelque part (n'import d'où)	**from anywhere**	[frɒm 'enɪweə(r)]

de quelque part (on ne sait pas d'où)	from somewhere	[frɒm 'sʌmweə(r)]
premièrement (adv)	firstly	['fɜːstlɪ]
deuxièmement (adv)	secondly	['sekəndlɪ]
troisièmement (adv)	thirdly	['θɜːdlɪ]
soudain (adv)	suddenly	['sʌdənlɪ]
au début (adv)	at first	[ət fɜːst]
pour la première fois	for the first time	[fɔː ðə 'fɜːst ˌtaɪm]
bien avant ...	long before ...	[lɒŋ bɪ'fɔː(r)]
pour toujours (adv)	for good	[fɔː 'gʊd]
jamais (adv)	never	['nevə(r)]
de nouveau, encore (adv)	again	[ə'gen]
maintenant (adv)	now	[naʊ]
souvent (adv)	often	['ɒfən]
alors (adv)	then	[ðen]
d'urgence (adv)	urgently	['ɜːdʒentlɪ]
d'habitude (adv)	usually	['juːʒəlɪ]
à propos, ...	by the way, ...	[baɪ ðə weɪ]
c'est possible	possible	['pɒsəbəl]
probablement (adv)	probably	['prɒbəblɪ]
peut-être (adv)	maybe	['meɪbiː]
en plus, ...	besides ...	[bɪ'saɪdz]
c'est pourquoi ...	that's why ...	[ðæts waɪ]
malgré ...	in spite of ...	[ɪn 'spaɪt əv]
grâce à ...	thanks to ...	['θæŋks tuː]
quoi (pron)	what	[wɒt]
que (conj)	that	[ðæt]
quelque chose (Il m'est arrivé ~)	something	['sʌmθɪŋ]
quelque chose (peut-on faire ~)	anything, something	['enɪθɪŋ], ['sʌmθɪŋ]
rien (m)	nothing	['nʌθɪŋ]
qui (pron)	who	[huː]
quelqu'un (on ne sait pas qui)	someone	['sʌmwʌn]
quelqu'un (n'importe qui)	somebody	['sʌmbədɪ]
personne (pron)	nobody	['nəʊbədɪ]
nulle part (aller ~)	nowhere	['nəʊweə(r)]
de personne	nobody's	['nəʊbədɪz]
de n'importe qui	somebody's	['sʌmbədɪz]
comme ça (adv)	so	[səʊ]
également (adv)	also	['ɔːlsəʊ]
aussi (adv)	too	[tuː]

6. Les mots-outils. Les adverbes. Partie 2

Pourquoi?	**Why?**	[waɪ]
pour une certaine raison	**for some reason**	[fɔː 'sʌm ˌriːzən]
parce que …	**because …**	[bɪ'kɒz]
et (conj)	**and**	[ænd]
ou (conj)	**or**	[ɔː(r)]
mais (conj)	**but**	[bʌt]
pour … (prep)	**for**	[fɔːr]
trop (adv)	**too**	[tuː]
seulement (adv)	**only**	['əʊnlɪ]
précisément (adv)	**exactly**	[ɪg'zæktlɪ]
près de … (prep)	**about**	[ə'baʊt]
approximativement	**approximately**	[ə'prɒksɪmətlɪ]
approximatif (adj)	**approximate**	[ə'prɒksɪmət]
presque (adv)	**almost**	['ɔːlməʊst]
reste (m)	**the rest**	[ðə rest]
l'autre (adj)	**the other**	[ðə ʌðə(r)]
autre (adj)	**other**	['ʌðə(r)]
chaque (adj)	**each**	[iːtʃ]
n'importe quel (adj)	**any**	['enɪ]
beaucoup de (dénombr.)	**many**	['menɪ]
beaucoup de (indénombr.)	**much**	[mʌtʃ]
plusieurs (pron)	**many people**	[ˌmenɪ 'piːpəl]
tous	**all**	[ɔːl]
en échange de …	**in return for …**	[ɪn rɪ'tɜːn fɔː]
en échange (adv)	**in exchange**	[ɪn ɪks'tʃeɪndʒ]
à la main (adv)	**by hand**	[baɪ hænd]
peu probable (adj)	**hardly**	['hɑːdlɪ]
probablement (adv)	**probably**	['prɒbəblɪ]
exprès (adv)	**on purpose**	[ɒn 'pɜːpəs]
par accident (adv)	**by accident**	[baɪ 'æksɪdənt]
très (adv)	**very**	['verɪ]
par exemple (adv)	**for example**	[fɔːr ɪg'zɑːmpəl]
entre (prep)	**between**	[bɪ'twiːn]
parmi (prep)	**among**	[ə'mʌŋ]
autant (adv)	**so much**	[səʊ mʌtʃ]
surtout (adv)	**especially**	[ɪ'speʃəlɪ]

NOMBRES. DIVERS

T&P Books Publishing

zéro	zero	['zɪərəʊ]
un	one	[wʌn]
deux	two	[tu:]
trois	three	[θri:]
quatre	four	[fɔ:(r)]
cinq	five	[faɪv]
six	six	[sɪks]
sept	seven	['sevən]
huit	eight	[eɪt]
neuf	nine	[naɪn]
dix	ten	[ten]
onze	eleven	[ɪ'levən]
douze	twelve	[twelv]
treize	thirteen	[ˌθɜː'ti:n]
quatorze	fourteen	[ˌfɔ:'ti:n]
quinze	fifteen	[fɪf'ti:n]
seize	sixteen	[sɪks'ti:n]
dix-sept	seventeen	[ˌsevən'ti:n]
dix-huit	eighteen	[ˌeɪ'ti:n]
dix-neuf	nineteen	[ˌnaɪn'ti:n]
vingt	twenty	['twentɪ]
vingt et un	twenty-one	['twentɪ ˌwʌn]
vingt-deux	twenty-two	['twentɪ ˌtu:]
vingt-trois	twenty-three	['twentɪ ˌθri:]
trente	thirty	['θɜːtɪ]
trente et un	thirty-one	['θɜːtɪ ˌwʌn]
trente-deux	thirty-two	['θɜːtɪ ˌtu:]
trente-trois	thirty-three	['θɜːtɪ ˌθri:]
quarante	forty	['fɔ:tɪ]
quarante et un	forty-one	['fɔ:tɪˌwʌn]
quarante-deux	forty-two	['fɔ:tɪˌtu:]
quarante-trois	forty-three	['fɔ:tɪˌθri:]
cinquante	fifty	['fɪftɪ]
cinquante et un	fifty-one	['fɪftɪ ˌwʌn]
cinquante-deux	fifty-two	['fɪftɪ ˌtu:]
cinquante-trois	fifty-three	['fɪftɪ ˌθri:]
soixante	sixty	['sɪkstɪ]

soixante et un	sixty-one	['sɪkstɪ ˌwʌn]
soixante-deux	sixty-two	['sɪkstɪ ˌtuː]
soixante-trois	sixty-three	['sɪkstɪ ˌθriː]

soixante-dix	seventy	['sevəntɪ]
soixante et onze	seventy-one	['sevəntɪ ˌwʌn]
soixante-douze	seventy-two	['sevəntɪ ˌtuː]
soixante-treize	seventy-three	['sevəntɪ ˌθriː]

quatre-vingts	eighty	['eɪtɪ]
quatre-vingt et un	eighty-one	['eɪtɪ ˌwʌn]
quatre-vingt deux	eighty-two	['eɪtɪ ˌtuː]
quatre-vingt trois	eighty-three	['eɪtɪ ˌθriː]

quatre-vingt-dix	ninety	['naɪntɪ]
quatre-vingt et onze	ninety-one	['naɪntɪ ˌwʌn]
quatre-vingt-douze	ninety-two	['naɪntɪ ˌtuː]
quatre-vingt-treize	ninety-three	['naɪntɪ ˌθriː]

8. Les nombres cardinaux. Partie 2

cent	one hundred	[ˌwʌn 'hʌndrəd]
deux cents	two hundred	[tu 'hʌndrəd]
trois cents	three hundred	[θri: 'hʌndrəd]
quatre cents	four hundred	[ˌfɔː 'hʌndrəd]
cinq cents	five hundred	[ˌfaɪv 'hʌndrəd]

six cents	six hundred	[sɪks 'hʌndrəd]
sept cents	seven hundred	['sevən 'hʌndrəd]
huit cents	eight hundred	[eɪt 'hʌndrəd]
neuf cents	nine hundred	[ˌnaɪn 'hʌndrəd]

mille	one thousand	[ˌwʌn 'θaʊzənd]
deux mille	two thousand	[tu 'θaʊzənd]
trois mille	three thousand	[θri: 'θaʊzənd]
dix mille	ten thousand	[ten 'θaʊzənd]
cent mille	one hundred thousand	[ˌwʌn 'hʌndrəd 'θaʊzənd]
million (m)	million	['mɪljən]
milliard (m)	billion	['bɪljən]

9. Les nombres ordinaux

premier (adj)	first	[fɜːst]
deuxième (adj)	second	['sekənd]
troisième (adj)	third	[θɜːd]
quatrième (adj)	fourth	[fɔːθ]
cinquième (adj)	fifth	[fɪfθ]
sixième (adj)	sixth	[sɪksθ]

septième (adj)	**seventh**	['sevənθ]
huitième (adj)	**eighth**	[eɪtθ]
neuvième (adj)	**ninth**	[naɪnθ]
dixième (adj)	**tenth**	[tenθ]

T&P BOOKS

LES COULEURS.
LES UNITÉS DE MESURE

T&P Books Publishing

10. Les couleurs

couleur (f)	color	['kʌlə(r)]
teinte (f)	shade	[ʃeɪd]
ton (m)	hue	[hjuː]
arc-en-ciel (m)	rainbow	['reɪnbəʊ]

blanc (adj)	white	[waɪt]
noir (adj)	black	[blæk]
gris (adj)	gray	[greɪ]

vert (adj)	green	[griːn]
jaune (adj)	yellow	['jeləʊ]
rouge (adj)	red	[red]
bleu (adj)	blue	[bluː]
bleu clair (adj)	light blue	[ˌlaɪt 'bluː]
rose (adj)	pink	[pɪŋk]
orange (adj)	orange	['ɒrɪndʒ]
violet (adj)	violet	['vaɪələt]
brun (adj)	brown	[braʊn]

d'or (adj)	golden	['gəʊldən]
argenté (adj)	silvery	['sɪlvərɪ]
beige (adj)	beige	[beɪʒ]
crème (adj)	cream	[kriːm]
turquoise (adj)	turquoise	['tɜːkwɔɪz]
rouge cerise (adj)	cherry red	['tʃerɪ red]
lilas (adj)	lilac	['laɪlək]
framboise (adj)	crimson	['krɪmzən]

clair (adj)	light	[laɪt]
foncé (adj)	dark	[dɑːk]
vif (adj)	bright	[braɪt]

de couleur (adj)	colored	['kʌləd]
en couleurs (adj)	color	['kʌlə(r)]
noir et blanc (adj)	black-and-white	[blæk ən waɪt]
unicolore (adj)	plain, one-colored	[pleɪn], [ˌwʌn'kʌləd]
multicolore (adj)	multicolored	['mʌltɪˌkʌləd]

11. Les unités de mesure

| poids (m) | weight | [weɪt] |
| longueur (f) | length | [leŋθ] |

largeur (f)	width	[wɪdθ]
hauteur (f)	height	[haɪt]
profondeur (f)	depth	[depθ]
volume (m)	volume	['vɒljuːm]
aire (f)	area	['eərɪə]

gramme (m)	gram	[græm]
milligramme (m)	milligram	['mɪlɪgræm]
kilogramme (m)	kilogram	['kɪləˌgræm]
tonne (f)	ton	[tʌn]
livre (f)	pound	[paʊnd]
once (f)	ounce	[aʊns]

mètre (m)	meter	['miːtə(r)]
millimètre (m)	millimeter	['mɪlɪˌmiːtə(r)]
centimètre (m)	centimeter	['sentɪˌmiːtə(r)]
kilomètre (m)	kilometer	['kɪləˌmiːtə(r)]
mille (m)	mile	[maɪl]

pouce (m)	inch	[ɪntʃ]
pied (m)	foot	[fʊt]
yard (m)	yard	[jɑːd]

mètre (m) carré	square meter	[skweə 'miːtə(r)]
hectare (m)	hectare	['hekteə(r)]
litre (m)	liter	['liːtə(r)]
degré (m)	degree	[dɪ'griː]
volt (m)	volt	[vəʊlt]
ampère (m)	ampere	['æmpeə(r)]
cheval-vapeur (m)	horsepower	['hɔːsˌpaʊə(r)]

quantité (f)	quantity	['kwɒntɪtɪ]
un peu de ...	a little bit of ...	[ə 'lɪtəl bɪt əv]
moitié (f)	half	[hɑːf]
douzaine (f)	dozen	['dʌzən]
pièce (f)	piece	[piːs]

| dimension (f) | size | [saɪz] |
| échelle (f) (de la carte) | scale | [skeɪl] |

minimal (adj)	minimal	['mɪnɪməl]
le plus petit (adj)	the smallest	[ðə 'smɔːləst]
moyen (adj)	medium	['miːdɪəm]
maximal (adj)	maximal	['mæksɪməl]
le plus grand (adj)	the largest	[ðə 'lɑːdʒɪst]

12. Les récipients

| bocal (m) en verre | jar | [dʒɑː(r)] |
| boîte, canette (f) | can | [kæn] |

| seau (m) | bucket | ['bʌkɪt] |
| tonneau (m) | barrel | ['bærəl] |

bassine, cuvette (f)	basin	['beɪsən]
cuve (f)	tank	[tæŋk]
flasque (f)	hip flask	[hɪp flɑ:sk]
jerrican (m)	jerrycan	['dʒerɪkæn]
citerne (f)	tank	[tæŋk]

tasse (f), mug (m)	mug	[mʌg]
tasse (f)	cup	[kʌp]
soucoupe (f)	saucer	['sɔ:sə(r)]
verre (m) (~ d'eau)	glass	[glɑ:s]
verre (m) à vin	glass	[glɑ:s]
faitout (m)	stock pot	[stɒk pɒt]

| bouteille (f) | bottle | ['bɒtəl] |
| goulot (m) | neck | [nek] |

carafe (f)	carafe	[kə'ræf]
pichet (m)	pitcher	['pɪtʃə(r)]
récipient (m)	vessel	['vesəl]
pot (m)	pot	[pɒt]
vase (m)	vase	[veɪz]

flacon (m)	bottle	['bɒtəl]
fiole (f)	vial, small bottle	['vaɪəl], [smɔ:l 'bɒtəl]
tube (m)	tube	[tju:b]

sac (m) (grand ~)	sack	[sæk]
sac (m) (~ en plastique)	bag	[bæg]
paquet (m) (~ de cigarettes)	pack	[pæk]

boîte (f)	box	[bɒks]
caisse (f)	box	[bɒks]
panier (m)	basket	['bɑ:skɪt]

LES VERBES
LES PLUS IMPORTANTS

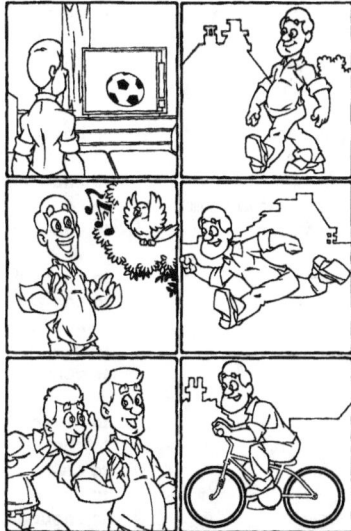

T&P Books Publishing

aider (vt)	to help (vt)	[tə help]
aimer (qn)	to love (vt)	[tə lʌv]
aller (à pied)	to go (vi)	[tə gəʊ]
apercevoir (vt)	to notice (vt)	[tə 'nəʊtɪs]
appartenir à ...	to belong to ...	[tə bɪ'lɒŋ tu:]
appeler (au secours)	to call (vt)	[tə kɔ:l]
attendre (vt)	to wait (vt)	[tə weɪt]
attraper (vt)	to catch (vt)	[tə kætʃ]
avertir (vt)	to warn (vt)	[tə wɔ:n]
avoir (vt)	to have (vt)	[tə hæv]
avoir confiance	to trust (vt)	[tə trʌst]
avoir faim	to be hungry	[tə bi 'hʌŋgrɪ]
avoir peur	to be afraid	[tə bi ə'freɪd]
avoir soif	to be thirsty	[tə bi 'θɜ:stɪ]
cacher (vt)	to hide (vt)	[tə haɪd]
casser (briser)	to break (vt)	[tə breɪk]
cesser (vt)	to stop (vt)	[tə stɒp]
changer (vt)	to change (vt)	[tə tʃeɪndʒ]
chasser (animaux)	to hunt (vi, vt)	[tə hʌnt]
chercher (vt)	to look for ...	[tə lʊk fɔ:(r)]
choisir (vt)	to choose (vt)	[tə tʃu:z]
commander (~ le menu)	to order (vt)	[tə 'ɔ:də(r)]
commencer (vt)	to begin (vt)	[tə bɪ'gɪn]
comparer (vt)	to compare (vt)	[tə kəm'peə(r)]
comprendre (vt)	to understand (vt)	[tə,ʌndə'stænd]
compter (dénombrer)	to count (vt)	[tə kaʊnt]
compter sur ...	to count on ...	[tə kaʊnt ɒn]
confondre (vt)	to confuse, to mix up (vt)	[tə kən'fju:z], [tə mɪks ʌp]
connaître (qn)	to know (vt)	[tə nəʊ]
conseiller (vt)	to advise (vt)	[tə əd'vaɪz]
continuer (vt)	to continue (vt)	[tə kən'tɪnju:]
contrôler (vt)	to control (vt)	[tə kən'trəʊl]
courir (vi)	to run (vi)	[tə rʌn]
coûter (vt)	to cost (vt)	[tə kɒst]
créer (vt)	to create (vt)	[tə kri:'eɪt]
creuser (vt)	to dig (vt)	[tə dɪg]
crier (vi)	to shout (vi)	[tə ʃaʊt]

14. Les verbes les plus importants. Partie 2

décorer (~ la maison)	**to decorate** (vt)	[tə 'dekəreɪt]
défendre (vt)	**to defend** (vt)	[tə dɪ'fend]
déjeuner (vi)	**to have lunch**	[tə hæv lʌntʃ]
demander (~ l'heure)	**to ask** (vt)	[tə ɑ:sk]
demander (de faire qch)	**to ask** (vt)	[tə ɑ:sk]
descendre (vi)	**to come down**	[tə kʌm daʊn]
deviner (vt)	**to guess** (vt)	[tə ges]
dîner (vi)	**to have dinner**	[tə hæv 'dɪnə(r)]
dire (vt)	**to say** (vt)	[tə seɪ]
diriger (~ une usine)	**to run, to manage**	[tə rʌn], [tə 'mænɪdʒ]
discuter (vt)	**to discuss** (vt)	[tə dɪs'kʌs]
donner (vt)	**to give** (vt)	[tə gɪv]
donner un indice	**to give a hint**	[tə gɪv ə hɪnt]
douter (vt)	**to doubt** (vi)	[tə daʊt]
écrire (vt)	**to write** (vt)	[tə raɪt]
entendre (bruit, etc.)	**to hear** (vt)	[tə hɪə(r)]
entrer (vi)	**to enter** (vt)	[tə 'entə(r)]
envoyer (vt)	**to send** (vt)	[tə send]
espérer (vi)	**to hope** (vi, vt)	[tə həʊp]
essayer (vt)	**to try** (vt)	[tə traɪ]
être (vi)	**to be** (vi)	[tə bi:]
être d'accord	**to agree** (vi)	[tə ə'gri:]
être nécessaire	**to be needed**	[tə bi 'ni:dɪd]
être pressé	**to hurry** (vi)	[tə 'hʌri]
étudier (vt)	**to study** (vt)	[tə 'stʌdɪ]
excuser (vt)	**to excuse** (vt)	[tə ɪk'skju:z]
exiger (vt)	**to demand** (vt)	[tə dɪ'mɑ:nd]
exister (vi)	**to exist** (vi)	[tə ɪg'zɪst]
expliquer (vt)	**to explain** (vt)	[tə ɪk'spleɪn]
faire (vt)	**to do** (vt)	[tə du:]
faire tomber	**to drop** (vt)	[tə drɒp]
finir (vt)	**to finish** (vt)	[tə 'fɪnɪʃ]
garder (conserver)	**to keep** (vt)	[tə ki:p]
gronder, réprimander (vt)	**to scold** (vt)	[tə skəʊld]
informer (vt)	**to inform** (vt)	[tə ɪn'fɔ:m]
insister (vi)	**to insist** (vi, vt)	[tə ɪn'sɪst]
insulter (vt)	**to insult** (vt)	[tə ɪn'sʌlt]
inviter (vt)	**to invite** (vt)	[tə ɪn'vaɪt]
jouer (s'amuser)	**to play** (vi)	[tə pleɪ]

15. Les verbes les plus importants. Partie 3

libérer (ville, etc.)	**to liberate** (vt)	[tə 'lɪbəreɪt]
lire (vi, vt)	**to read** (vi, vt)	[tə riːd]
louer (prendre en location)	**to rent** (vt)	[tə rent]
manquer (l'école)	**to miss** (vt)	[tə mɪs]
menacer (vt)	**to threaten** (vt)	[tə 'θretən]
mentionner (vt)	**to mention** (vt)	[tə 'menʃən]
montrer (vt)	**to show** (vt)	[tə ʃəʊ]
nager (vi)	**to swim** (vi)	[tə swɪm]
objecter (vt)	**to object** (vi, vt)	[tə əb'dʒekt]
observer (vt)	**to observe** (vt)	[tə əb'zɜːv]
ordonner (mil.)	**to order** (vi, vt)	[tə 'ɔːdə(r)]
oublier (vt)	**to forget** (vi, vt)	[tə fə'get]
ouvrir (vt)	**to open** (vt)	[tə 'əʊpən]
pardonner (vt)	**to forgive** (vt)	[tə fə'gɪv]
parler (vi, vt)	**to speak** (vi, vt)	[tə spiːk]
participer à …	**to participate** (vi)	[tə pɑː'tɪsɪpeɪt]
payer (régler)	**to pay** (vi, vt)	[tə peɪ]
penser (vi, vt)	**to think** (vi, vt)	[tə θɪŋk]
permettre (vt)	**to permit** (vt)	[tə pə'mɪt]
plaire (être apprécié)	**to like** (vt)	[tə laɪk]
plaisanter (vi)	**to joke** (vi)	[tə dʒəʊk]
planifier (vt)	**to plan** (vt)	[tə plæn]
pleurer (vi)	**to cry** (vi)	[tə kraɪ]
posséder (vt)	**to own** (vt)	[tə əʊn]
pouvoir (v aux)	**can** (v aux)	[kæn]
préférer (vt)	**to prefer** (vt)	[tə prɪ'fɜː(r)]
prendre (vt)	**to take** (vt)	[tə teɪk]
prendre en note	**to write down**	[tə ˌraɪt 'daʊn]
prendre le petit déjeuner	**to have breakfast**	[tə hæv 'brekfəst]
préparer (le dîner)	**to cook** (vt)	[tə kʊk]
prévoir (vt)	**to expect** (vt)	[tə ɪk'spekt]
prier (~ Dieu)	**to pray** (vi, vt)	[tə preɪ]
promettre (vt)	**to promise** (vt)	[tə 'prɒmɪs]
prononcer (vt)	**to pronounce** (vt)	[tə prə'naʊns]
proposer (vt)	**to propose** (vt)	[tə prə'pəʊz]
punir (vt)	**to punish** (vt)	[tə 'pʌnɪʃ]

16. Les verbes les plus importants. Partie 4

recommander (vt)	**to recommend** (vt)	[tə ˌrekə'mend]
regretter (vt)	**to regret** (vi)	[tə rɪ'gret]

répéter (dire encore)	to repeat (vt)	[tə rɪ'piːt]
répondre (vi, vt)	to answer (vi, vt)	[tə 'ɑːnsə(r)]
réserver (une chambre)	to reserve, to book	[tə rɪ'zɜːv], [tə bʊk]

rester silencieux	to keep silent	[tə kiːp 'saɪlənt]
réunir (regrouper)	to unite (vt)	[tə juː'naɪt]
rire (vi)	to laugh (vi)	[tə lɑːf]
s'arrêter (vp)	to stop (vi)	[tə stɒp]
s'asseoir (vp)	to sit down (vi)	[tə sɪt daʊn]

sauver (la vie à qn)	to save, to rescue	[tə seɪv], [tə 'reskjuː]
savoir (qch)	to know (vt)	[tə nəʊ]
se baigner (vp)	to go for a swim	[tə gəʊ fɔrə swɪm]
se plaindre (vp)	to complain (vi, vt)	[tə kəm'pleɪn]
se refuser (vp)	to refuse (vi, vt)	[tə rɪ'fjuːz]

se tromper (vp)	to make a mistake	[tə meɪk ə mɪ'steɪk]
se vanter (vp)	to boast (vi)	[tə bəʊst]
s'étonner (vp)	to be surprised	[tə bi sə'praɪzd]
signer (vt)	to sign (vt)	[tə saɪn]

signifier (vt)	to mean (vt)	[tə miːn]
s'intéresser (vp)	to be interested in ...	[tə bi 'ɪntrestɪd ɪn]
sortir (aller dehors)	to go out	[tə gəʊ aʊt]
sourire (vi)	to smile (vi)	[tə smaɪl]
sous-estimer (vt)	to underestimate (vt)	[tə ˌʌndə'restɪmeɪt]

suivre ... (suivez-moi)	to follow ...	[tə 'fɒləʊ]
tirer (vi)	to shoot (vi)	[tə ʃuːt]
tomber (vi)	to fall (vi)	[tə fɔːl]
toucher (avec les mains)	to touch (vt)	[tə tʌtʃ]
tourner (~ à gauche)	to turn (vi)	[tə tɜːn]

traduire (vt)	to translate (vt)	[tə træns'leɪt]
travailler (vi)	to work (vi)	[tə wɜːk]
tromper (vt)	to deceive (vi, vt)	[tə dɪ'siːv]
trouver (vt)	to find (vt)	[tə faɪnd]
tuer (vt)	to kill (vt)	[tə kɪl]
vendre (vt)	to sell (vt)	[tə sel]

venir (vi)	to arrive (vi)	[tə ə'raɪv]
voir (vt)	to see (vt)	[tə siː]
voler (avion, oiseau)	to fly (vi)	[tə flaɪ]
voler (qch à qn)	to steal (vt)	[tə stiːl]
vouloir (vt)	to want (vt)	[tə wɒnt]

LA NOTION DE TEMPS.
LE CALENDRIER

17. Les jours de la semaine

lundi (m)	**Monday**	['mʌndɪ]
mardi (m)	**Tuesday**	['tjuːzdɪ]
mercredi (m)	**Wednesday**	['wenzdɪ]
jeudi (m)	**Thursday**	['θɜːzdɪ]
vendredi (m)	**Friday**	['fraɪdɪ]
samedi (m)	**Saturday**	['sætədɪ]
dimanche (m)	**Sunday**	['sʌndɪ]
aujourd'hui (adv)	**today**	[tə'deɪ]
demain (adv)	**tomorrow**	[tə'mɒrəʊ]
après-demain (adv)	**the day after tomorrow**	[ðə deɪ 'ɑːftə tə'mɒrəʊ]
hier (adv)	**yesterday**	['jestədɪ]
avant-hier (adv)	**the day before yesterday**	[ðə deɪ bɪ'fɔː 'jestədɪ]
jour (m)	**day**	[deɪ]
jour (m) ouvrable	**working day**	['wɜːkɪŋ deɪ]
jour (m) férié	**public holiday**	['pʌblɪk 'hɒlɪdeɪ]
jour (m) de repos	**day off**	[ˌdeɪ'ɒf]
week-end (m)	**weekend**	[ˌwiːk'end]
toute la journée	**all day long**	[ɔːl 'deɪ ˌlɒŋ]
le lendemain	**the next day**	[ðə nekst deɪ]
il y a 2 jours	**two days ago**	[tu deɪz ə'gəʊ]
la veille	**the day before**	[ðə deɪ bɪ'fɔː(r)]
quotidien (adj)	**daily**	['deɪlɪ]
tous les jours	**every day**	[ˌevrɪ 'deɪ]
semaine (f)	**week**	[wiːk]
la semaine dernière	**last week**	[ˌlɑːst 'wiːk]
la semaine prochaine	**next week**	[ˌnekst 'wiːk]
hebdomadaire (adj)	**weekly**	['wiːklɪ]
chaque semaine	**every week**	[ˌevrɪ 'wiːk]
2 fois par semaine	**twice a week**	[ˌtwaɪs ə 'wiːk]
tous les mardis	**every Tuesday**	['evrɪ 'tjuːzdɪ]

18. Les heures. Le jour et la nuit

matin (m)	**morning**	['mɔːnɪŋ]
le matin	**in the morning**	[ɪn ðə 'mɔːnɪŋ]
midi (m)	**noon, midday**	[nuːn], ['mɪddeɪ]
dans l'après-midi	**in the afternoon**	[ɪn ðə ˌɑːftə'nuːn]
soir (m)	**evening**	['iːvnɪŋ]

le soir	in the evening	[ɪn ðɪ 'iːvnɪŋ]
nuit (f)	night	[naɪt]
la nuit	at night	[ət naɪt]
minuit (f)	midnight	['mɪdnaɪt]

seconde (f)	second	['sekənd]
minute (f)	minute	['mɪnɪt]
heure (f)	hour	['aʊə(r)]
demi-heure (f)	half an hour	[ˌhɑːf ən 'aʊə(r)]
un quart d'heure	a quarter-hour	[ə 'kwɔːtər'aʊə(r)]
quinze minutes	fifteen minutes	[fɪfˈtiːn 'mɪnɪts]
vingt-quatre heures	twenty four hours	['twentɪ fɔːr'aʊəz]

lever (m) du soleil	sunrise	['sʌnraɪz]
aube (f)	dawn	[dɔːn]
point (m) du jour	early morning	['ɜːlɪ 'mɔːnɪŋ]
coucher (m) du soleil	sunset	['sʌnset]

tôt le matin	early in the morning	['ɜːlɪ ɪn ðə 'mɔːnɪŋ]
ce matin	this morning	[ðɪs 'mɔːnɪŋ]
demain matin	tomorrow morning	[təˈmɒrəʊ 'mɔːnɪŋ]

cet après-midi	this afternoon	[ðɪs ˌɑːftə'nuːn]
dans l'après-midi	in the afternoon	[ɪn ðə ˌɑːftə'nuːn]
demain après-midi	tomorrow afternoon	[təˈmɒrəʊ ˌɑːftə'nuːn]

| ce soir | tonight | [təˈnaɪt] |
| demain soir | tomorrow night | [təˈmɒrəʊ naɪt] |

à 3 heures précises	at 3 o'clock sharp	[ət θriː ə'klɒk ʃɑːp]
autour de 4 heures	about 4 o'clock	[əˈbaʊt ˌfɔːrə'klɒk]
vers midi	by 12 o'clock	[baɪ twelv ə'klɒk]

dans 20 minutes	in 20 minutes	[ɪn 'twentɪ ˌmɪnɪts]
dans une heure	in an hour	[ɪn ən 'aʊə(r)]
à temps	on time	[ɒn 'taɪm]

… moins le quart	a quarter of …	[ə 'kwɔːtə ɒf]
en une heure	within an hour	[wɪ'ðɪn æn 'aʊə(r)]
tous les quarts d'heure	every 15 minutes	['evrɪ fɪfˈtiːn 'mɪnɪts]
24 heures sur 24	round the clock	['raʊnd ðə ˌklɒk]

19. Les mois. Les saisons

janvier (m)	January	['dʒænjʊərɪ]
février (m)	February	['febrʊərɪ]
mars (m)	March	[mɑːtʃ]
avril (m)	April	['eɪprəl]
mai (m)	May	[meɪ]
juin (m)	June	[dʒuːn]

juillet (m)	July	[dʒu:'laɪ]
août (m)	August	['ɔ:gəst]
septembre (m)	September	[sep'tembə(r)]
octobre (m)	October	[ɒk'təʊbə(r)]
novembre (m)	November	[nəʊ'vembə(r)]
décembre (m)	December	[dɪ'sembə(r)]

printemps (m)	spring	[sprɪŋ]
au printemps	in (the) spring	[ɪn (ðə) sprɪŋ]
de printemps (adj)	spring	[sprɪŋ]

été (m)	summer	['sʌmə(r)]
en été	in (the) summer	[ɪn (ðə) 'sʌmə(r)]
d'été (adj)	summer	['sʌmə(r)]

automne (m)	fall	[fɔ:l]
en automne	in (the) fall	[ɪn (ðə) fɔ:l]
d'automne (adj)	fall	[fɔ:l]

hiver (m)	winter	['wɪntə(r)]
en hiver	in (the) winter	[ɪn (ðə) 'wɪntə(r)]
d'hiver (adj)	winter	['wɪntə(r)]

mois (m)	month	[mʌnθ]
ce mois	this month	[ðɪs mʌnθ]
le mois prochain	next month	[ˌnekst 'mʌnθ]
le mois dernier	last month	[ˌlɑ:st 'mʌnθ]

il y a un mois	a month ago	[əˌmʌnθ ə'gəʊ]
dans un mois	in a month	[ɪn ə 'mʌnθ]
dans 2 mois	in two months	[ɪn ˌtu: 'mʌnθs]
tout le mois	the whole month	[ðə ˌhəʊl 'mʌnθ]
tout un mois	all month long	[ɔ:l 'mʌnθ ˌlɒŋ]

mensuel (adj)	monthly	['mʌnθlɪ]
mensuellement	monthly	['mʌnθlɪ]
chaque mois	every month	[ˌevrɪ 'mʌnθ]
2 fois par mois	twice a month	[ˌtwaɪs ə 'mʌnθ]

année (f)	year	[jɪə(r)]
cette année	this year	[ðɪs jɪə(r)]
l'année prochaine	next year	[ˌnekst 'jɪə(r)]
l'année dernière	last year	[ˌlɑ:st 'jɪə(r)]

il y a un an	a year ago	[ə jɪərə'gəʊ]
dans un an	in a year	[ɪn ə 'jɪə(r)]
dans 2 ans	in two years	[ɪn ˌtu: 'jɪəz]
toute l'année	the whole year	[ðə ˌhəʊl 'jɪə(r)]
toute une année	all year long	[ɔ:l 'jɪə ˌlɒŋ]

| chaque année | every year | [ˌevrɪ 'jɪə(r)] |
| annuel (adj) | annual | ['ænjʊəl] |

| annuellement | annually | ['ænjʊəlɪ] |
| 4 fois par an | 4 times a year | [fɔ: taɪmz əˌjɪər] |

date (f) (jour du mois)	date	[deɪt]
date (f) (~ mémorable)	date	[deɪt]
calendrier (m)	calendar	['kælɪndə(r)]

six mois	half a year	[ˌhɑːf ə 'jɪə(r)]
semestre (m)	six months	[sɪks mʌnθs]
saison (f)	season	['siːzən]

BOOKS

T&P

LES VOYAGES. L'HÔTEL

USD CAD
EUR CHF
JPY HKD
GBP CNY

RECEPTION

T&P Books Publishing

tourisme (m)	tourism, travel	['tʊərɪzəm], ['trævəl]
touriste (m)	tourist	['tʊərɪst]
voyage (m) (à l'étranger)	trip	[trɪp]
aventure (f)	adventure	[əd'ventʃə(r)]
voyage (m)	trip, journey	[trɪp], ['dʒɜːnɪ]
vacances (f pl)	vacation	[və'keɪʃən]
être en vacances	to be on vacation	[tə bi ɒn və'keɪʃən]
repos (m) (jours de ~)	rest	[rest]
train (m)	train	[treɪn]
en train	by train	[baɪ treɪn]
avion (m)	airplane	['eəpleɪn]
en avion	by airplane	[baɪ 'eəpleɪn]
en voiture	by car	[baɪ kɑː(r)]
en bateau	by ship	[baɪ ʃɪp]
bagage (m)	luggage	['lʌgɪdʒ]
malle (f)	suitcase	['suːtkeɪs]
chariot (m)	luggage cart	['lʌgɪdʒ kɑːt]
passeport (m)	passport	['pɑːspɔːt]
visa (m)	visa	['viːzə]
ticket (m)	ticket	['tɪkɪt]
billet (m) d'avion	air ticket	['eə 'tɪkɪt]
guide (m) (livre)	guidebook	['gaɪdbʊk]
carte (f)	map	[mæp]
région (f) (~ rurale)	area	['eərɪə]
endroit (m)	place, site	[pleɪs], [saɪt]
exotisme (m)	exotica	[ɪg'zɒtɪkə]
exotique (adj)	exotic	[ɪg'zɒtɪk]
étonnant (adj)	amazing	[ə'meɪzɪŋ]
groupe (m)	group	[gruːp]
excursion (f)	excursion	[ɪk'skɜːʃən]
guide (m) (personne)	guide	[gaɪd]

| hôtel (m) | hotel | [həʊ'tel] |
| motel (m) | motel | [məʊ'tel] |

3 étoiles	three-star	[θri: stɑ:(r)]
5 étoiles	five-star	[ˌfaɪv 'stɑ:(r)]
descendre (à l'hôtel)	to stay (vi)	[tə steɪ]

chambre (f)	room	[ruːm]
chambre (f) simple	single room	['sɪŋgəl ruːm]
chambre (f) double	double room	['dʌbəl ruːm]
réserver une chambre	to book a room	[tə bʊk ə ruːm]

| demi-pension (f) | half board | [hɑːf bɔːd] |
| pension (f) complète | full board | [fʊl bɔːd] |

avec une salle de bain	with bath	[wɪð bɑːθ]
avec une douche	with shower	[wɪð 'ʃaʊə(r)]
télévision (f) par satellite	satellite television	['sætəlaɪt 'telɪˌvɪʒən]
climatiseur (m)	air-conditioner	[eə kən'dɪʃənə]
serviette (f)	towel	['taʊəl]
clé (f)	key	[kiː]

administrateur (m)	administrator	[əd'mɪnɪstreɪtə(r)]
femme (f) de chambre	chambermaid	['tʃeɪmbəˌmeɪd]
porteur (m)	porter, bellboy	['pɔːtə(r)], ['belbɔɪ]
portier (m)	doorman	['dɔːmən]

restaurant (m)	restaurant	['restrɒnt]
bar (m)	pub, bar	[pʌb], [bɑː(r)]
petit déjeuner (m)	breakfast	['brekfəst]
dîner (m)	dinner	['dɪnə(r)]
buffet (m)	buffet	[bə'feɪ]

ascenseur (m)	elevator	['elɪveɪtə(r)]
PRIÈRE DE NE PAS DÉRANGER	DO NOT DISTURB	[du nɒt dɪ'stɜːb]
DÉFENSE DE FUMER	NO SMOKING	[nəʊ 'sməʊkɪŋ]

22. Le tourisme

monument (m)	monument	['mɒnjʊmənt]
forteresse (f)	fortress	['fɔːtrɪs]
palais (m)	palace	['pælɪs]
château (m)	castle	['kɑːsəl]
tour (f)	tower	['taʊə(r)]
mausolée (m)	mausoleum	[ˌmɔːzə'lɪəm]

architecture (f)	architecture	['ɑːkɪtektʃə(r)]
médiéval (adj)	medieval	[ˌmedɪ'iːvəl]
ancien (adj)	ancient	['eɪnʃənt]
national (adj)	national	['næʃənəl]
connu (adj)	well-known	[wel'nəʊn]
touriste (m)	tourist	['tʊərɪst]

guide (m) (personne)	**guide**	[gaɪd]
excursion (f)	**excursion**	[ɪkˈskɜ:ʃən]
montrer (vt)	**to show** (vt)	[tə ʃəʊ]
raconter (une histoire)	**to tell** (vt)	[tə tel]
trouver (vt)	**to find** (vt)	[tə faɪnd]
se perdre (vp)	**to get lost**	[tə get lɒst]
plan (m) (du metro, etc.)	**map**	[mæp]
carte (f) (de la ville, etc.)	**map**	[mæp]
souvenir (m)	**souvenir, gift**	[ˌsu:vəˈnɪə], [gɪft]
boutique (f) de souvenirs	**gift shop**	[ˈgɪftʃɒp]
prendre en photo	**to take pictures**	[tə ˌteɪk ˈpɪktʃəz]

LES TRANSPORTS

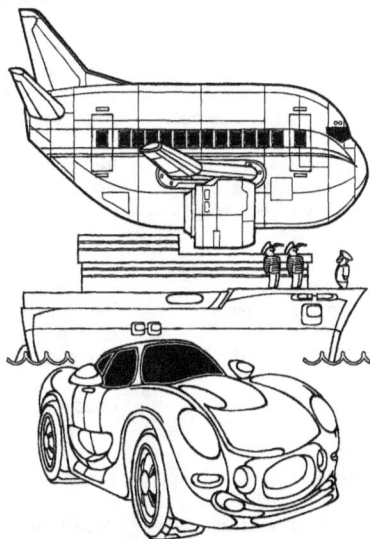

T&P Books Publishing

23. L'aéroport

aéroport (m)	**airport**	['eəpɔ:t]
avion (m)	**airplane**	['eəpleɪn]
compagnie (f) aérienne	**airline**	['eəlaɪn]
contrôleur (m) aérien	**air traffic controller**	['eə 'træfɪk kən'trəʊlə]
départ (m)	**departure**	[dɪ'pɑ:tʃə(r)]
arrivée (f)	**arrival**	[ə'raɪvəl]
arriver (par avion)	**to arrive** (vi)	[tə ə'raɪv]
temps (m) de départ	**departure time**	[dɪ'pɑ:tʃə ˌtaɪm]
temps (m) d'arrivée	**arrival time**	[ə'raɪvəl taɪm]
être retardé	**to be delayed**	[tə bi dɪ'leɪd]
retard (m) de l'avion	**flight delay**	[flaɪt dɪ'leɪ]
tableau (m) d'informations	**information board**	[ˌɪnfə'meɪʃən bɔ:d]
information (f)	**information**	[ˌɪnfə'meɪʃən]
annoncer (vt)	**to announce** (vt)	[tə ə'naʊns]
vol (m)	**flight**	[flaɪt]
douane (f)	**customs**	['kʌstəmz]
douanier (m)	**customs officer**	['kʌstəmz 'ɒfɪsə(r)]
déclaration (f) de douane	**customs declaration**	['kʌstəmz ˌdeklə'reɪʃən]
remplir (vt)	**to fill out** (vt)	[tə fɪl 'aʊt]
remplir la déclaration	**to fill out the declaration**	[tə fɪl 'aʊt ðə ˌdeklə'reɪʃən]
contrôle (m) de passeport	**passport control**	['pɑ:spɔ:t kən'trəʊl]
bagage (m)	**luggage**	['lʌgɪdʒ]
bagage (m) à main	**hand luggage**	['hænd ˌlʌgɪdʒ]
service des objets trouvés	**LOST-AND-FOUND**	[lɒst ənd faʊnd]
chariot (m)	**luggage cart**	['lʌgɪdʒ kɑ:t]
atterrissage (m)	**landing**	['lændɪŋ]
piste (f) d'atterrissage	**landing strip**	['lændɪŋ strɪp]
atterrir (vi)	**to land** (vi)	[tə lænd]
escalier (m) d'avion	**airstairs**	[eə'steəz]
enregistrement (m)	**check-in**	['tʃek ɪn]
comptoir (m) d'enregistrement	**check-in desk**	['tʃek ɪn desk]
s'enregistrer (vp)	**to check-in** (vi)	[tə tʃek ɪn]
carte (f) d'embarquement	**boarding pass**	['bɔ:dɪŋ pɑ:s]
porte (f) d'embarquement	**departure gate**	[dɪ'pɑ:tʃə ˌgeɪt]

transit (m)	transit	['trænsɪt]
attendre (vt)	to wait (vt)	[tə weɪt]
salle (f) d'attente	departure lounge	[dɪ'pɑ:tʃə laʊndʒ]

24. L'avion

avion (m)	airplane	['eəpleɪn]
billet (m) d'avion	air ticket	['eə 'tɪkɪt]
compagnie (f) aérienne	airline	['eəlaɪn]
aéroport (m)	airport	['eəpɔ:t]
supersonique (adj)	supersonic	[ˌsu:pə'sɒnɪk]

commandant (m) de bord	captain	['kæptɪn]
équipage (m)	crew	[kru:]
pilote (m)	pilot	['paɪlət]
hôtesse (f) de l'air	flight attendant	[ˌflaɪt ə'tendənt]
navigateur (m)	navigator	['nævɪgeɪtə(r)]

ailes (f pl)	wings	[wɪŋz]
queue (f)	tail	[teɪl]
cabine (f)	cockpit	['kɒkpɪt]
moteur (m)	engine	['endʒɪn]
train (m) d'atterrissage	landing gear	['lændɪŋ gɪə(r)]
turbine (f)	turbine	['tɜ:baɪn]

hélice (f)	propeller	[prə'pelə(r)]
boîte (f) noire	black box	[blæk bɒks]
gouvernail (m)	yoke, control column	[jəʊk], [kən'trəʊl 'kɒləm]
carburant (m)	fuel	[fjʊəl]

consigne (f) de sécurité	safety card	['seɪftɪ kɑ:d]
masque (m) à oxygène	oxygen mask	['ɒksɪdʒən mɑ:sk]
uniforme (m)	uniform	['junɪfɔ:m]
gilet (m) de sauvetage	life vest	['laɪf vest]
parachute (m)	parachute	['pærəʃu:t]

décollage (m)	takeoff	[teɪkɒf]
décoller (vi)	to take off (vi)	[tə teɪk ɒf]
piste (f) de décollage	runway	['rʌnˌweɪ]

visibilité (f)	visibility	[ˌvɪzɪ'bɪlɪtɪ]
vol (m) (~ d'oiseau)	flight	[flaɪt]
altitude (f)	altitude	['æltɪtju:d]
trou (m) d'air	air pocket	[eə 'pɒkɪt]

place (f)	seat	[si:t]
écouteurs (m pl)	headphones	['hedfəʊnz]
tablette (f)	folding tray	['fəʊldɪŋ treɪ]
hublot (m)	window	['wɪndəʊ]
couloir (m)	aisle	[aɪl]

25. Le train

train (m)	**train**	[treɪn]
train (m) de banlieue	**commuter train**	[kə'mju:tə(r) treɪn]
TGV (m)	**express train**	[ɪk'spres treɪn]
locomotive (f) diesel	**diesel locomotive**	['di:zəl ˌləʊkə'məʊtɪv]
locomotive (f) à vapeur	**steam locomotive**	[sti:m ˌləʊkə'məʊtɪv]
wagon (m)	**passenger car**	['pæsɪndʒə kɑ:(r)]
wagon-restaurant (m)	**dining car**	['daɪnɪŋ kɑ:]
rails (m pl)	**rails**	[reɪlz]
chemin (m) de fer	**railroad**	['reɪlrəʊd]
traverse (f)	**railway tie**	['reɪlweɪ taɪ]
quai (m)	**platform**	['plætfɔ:m]
voie (f)	**track**	[træk]
sémaphore (m)	**semaphore**	['seməfɔ:(r)]
station (f)	**station**	['steɪʃən]
conducteur (m) de train	**engineer**	[ˌendʒɪ'nɪə(r)]
porteur (m)	**porter**	['pɔ:tə(r)]
steward (m)	**car attendant**	[kɑ:(r) ə'tendənt]
passager (m)	**passenger**	['pæsɪndʒə(r)]
contrôleur (m) de billets	**conductor**	[kən'dʌktə(r)]
couloir (m)	**corridor**	['kɒrɪˌdɔ:(r)]
frein (m) d'urgence	**emergency brake**	[ɪ'mɜ:dʒənsɪ breɪk]
compartiment (m)	**compartment**	[kəm'pɑ:tmənt]
couchette (f)	**berth**	[bɜ:θ]
couchette (f) d'en haut	**upper berth**	['ʌpə bɜ:θ]
couchette (f) d'en bas	**lower berth**	['ləʊə 'bɜ:θ]
linge (m) de lit	**bed linen, bedding**	[bed 'lɪnɪn], ['bedɪŋ]
ticket (m)	**ticket**	['tɪkɪt]
horaire (m)	**schedule**	['skedʒʊl]
tableau (m) d'informations	**information display**	[ˌɪnfə'meɪʃən dɪ'spleɪ]
partir (vi)	**to leave, to depart**	[tə li:v], [tə dɪ'pɑ:t]
départ (m) (du train)	**departure**	[dɪ'pɑ:tʃə(r)]
arriver (le train)	**to arrive** (vi)	[tə ə'raɪv]
arrivée (f)	**arrival**	[ə'raɪvəl]
arriver en train	**to arrive by train**	[tə ə'raɪv baɪ treɪn]
prendre le train	**to get on the train**	[tə ˌget ɒn ðə 'treɪn]
descendre du train	**to get off the train**	[tə ˌget əv ðə 'treɪn]
accident (m) ferroviaire	**train wreck**	[treɪn rek]
dérailler (vi)	**to derail** (vi)	[tə dɪ'reɪl]
locomotive (f) à vapeur	**steam locomotive**	[sti:m ˌləʊkə'məʊtɪv]

chauffeur (m)	stoker, fireman	['stəʊkə], ['faɪəmən]
chauffe (f)	firebox	['faɪəbɒks]
charbon (m)	coal	[kəʊl]

26. Le bateau

| bateau (m) | ship | [ʃɪp] |
| navire (m) | vessel | ['vesəl] |

bateau (m) à vapeur	steamship	['stiːmʃɪp]
paquebot (m)	riverboat	['rɪvəˌbəʊt]
bateau (m) de croisière	cruise ship	[kruːz ʃɪp]
croiseur (m)	cruiser	['kruːzə(r)]

yacht (m)	yacht	[jɒt]
remorqueur (m)	tugboat	['tʌgbəʊt]
péniche (f)	barge	[bɑːdʒ]
ferry (m)	ferry	['ferɪ]

| voilier (m) | sailing ship | ['seɪlɪŋ ʃɪp] |
| brigantin (m) | brigantine | ['brɪgəntiːn] |

| brise-glace (m) | ice breaker | ['aɪsˌbreɪkə(r)] |
| sous-marin (m) | submarine | [ˌsʌbmə'riːn] |

canot (m) à rames	boat	[bəʊt]
dinghy (m)	dinghy	['dɪŋgɪ]
canot (m) de sauvetage	lifeboat	['laɪfbəʊt]
canot (m) à moteur	motorboat	['məʊtəbəʊt]

capitaine (m)	captain	['kæptɪn]
matelot (m)	seaman	['siːmən]
marin (m)	sailor	['seɪlə(r)]
équipage (m)	crew	[kruː]

maître (m) d'équipage	boatswain	['bəʊsən]
mousse (m)	ship's boy	[ʃɪps bɔɪ]
cuisinier (m) du bord	cook	[kʊk]
médecin (m) de bord	ship's doctor	[ʃɪps 'dɒktə(r)]

pont (m)	deck	[dek]
mât (m)	mast	[mɑːst]
voile (f)	sail	[seɪl]

cale (f)	hold	[həʊld]
proue (f)	bow	[baʊ]
poupe (f)	stern	[stɜːn]
rame (f)	oar	[ɔː(r)]
hélice (f)	propeller	[prə'pelə(r)]
cabine (f)	cabin	['kæbɪn]

carré (m) des officiers	wardroom	['wɔ:drʊm]
salle (f) des machines	engine room	['endʒɪn ˌru:m]
passerelle (f)	bridge	[brɪdʒ]
cabine (f) de T.S.F.	radio room	['reɪdɪəʊ rʊm]
onde (f)	wave	[weɪv]
journal (m) de bord	logbook	['lɒgbʊk]
longue-vue (f)	spyglass	['spaɪglɑ:s]
cloche (f)	bell	[bel]
pavillon (m)	flag	[flæg]
grosse corde (f) tressée	rope	['rəʊp]
nœud (m) marin	knot	[nɒt]
rampe (f)	deckrails	['dekreɪlz]
passerelle (f)	gangway	['gæŋweɪ]
ancre (f)	anchor	['æŋkə(r)]
lever l'ancre	to weigh anchor	[tə weɪ 'æŋkə(r)]
jeter l'ancre	to drop anchor	[tə drɒp 'æŋkə(r)]
chaîne (f) d'ancrage	anchor chain	['æŋkə ˌtʃeɪn]
port (m)	port	[pɔ:t]
embarcadère (m)	quay, wharf	[ki:], [wɔ:f]
accoster (vi)	to berth, to moor	[tə bɜ:θ], [tə mɔ:(r)]
larguer les amarres	to cast off	[tə kɑ:st ɒf]
voyage (m) (à l'étranger)	trip	[trɪp]
croisière (f)	cruise	[kru:z]
cap (m) (suivre un ~)	course	[kɔ:s]
itinéraire (m)	route	[raʊt]
chenal (m)	fairway	['feəweɪ]
bas-fond (m)	shallows	['ʃæləʊz]
échouer sur un bas-fond	to run aground	[tə rʌn ə'graʊnd]
tempête (f)	storm	[stɔ:m]
signal (m)	signal	['sɪgnəl]
sombrer (vi)	to sink (vi)	[tə sɪŋk]
Un homme à la mer!	Man overboard!	[ˌmæn 'əʊvəbɔ:d]
SOS (m)	SOS	[ˌesəʊ'es]
bouée (f) de sauvetage	ring buoy	[rɪŋ bɔɪ]

T&P BOOKS

LA VILLE

T&P Books Publishing

autobus (m)	**bus**	[bʌs]
tramway (m)	**streetcar**	['striːtkɑː(r)]
trolleybus (m)	**trolley bus**	['trɒlɪbʌs]
itinéraire (m)	**route**	[raʊt]
numéro (m)	**number**	['nʌmbə(r)]
prendre ...	**to go by ...**	[tə gəʊ baɪ]
monter (dans l'autobus)	**to get on**	[tə get ɒn]
descendre de ...	**to get off ...**	[tə get ɒf]
arrêt (m)	**stop**	[stɒp]
arrêt (m) prochain	**next stop**	[ˌnekst 'stɒp]
terminus (m)	**terminus**	['tɜːmɪnəs]
horaire (m)	**schedule**	['skedʒʊl]
attendre (vt)	**to wait** (vt)	[tə weɪt]
ticket (m)	**ticket**	['tɪkɪt]
prix (m) du ticket	**fare**	[feə(r)]
caissier (m)	**cashier**	[kæ'ʃɪə(r)]
contrôle (m) des tickets	**ticket inspection**	['tɪkɪt ɪn'spekʃən]
contrôleur (m)	**ticket inspector**	['tɪkɪt ɪn'spektə(r)]
être en retard	**to be late**	[tə bi 'leɪt]
se dépêcher	**to be in a hurry**	[tə bi ɪn ə 'hʌrɪ]
taxi (m)	**taxi, cab**	['tæksɪ], [kæb]
chauffeur (m) de taxi	**taxi driver**	['tæksɪ 'draɪvə(r)]
en taxi	**by taxi**	[baɪ 'tæksɪ]
arrêt (m) de taxi	**taxi stand**	['tæksɪ stænd]
appeler un taxi	**to call a taxi**	[tə kɔːl ə 'tæksɪ]
prendre un taxi	**to take a taxi**	[tə ˌteɪk ə 'tæksɪ]
trafic (m)	**traffic**	['træfɪk]
embouteillage (m)	**traffic jam**	['træfɪk dʒæm]
heures (f pl) de pointe	**rush hour**	['rʌʃ ˌaʊə(r)]
se garer (vp)	**to park** (vi)	[tə pɑːk]
garer (vt)	**to park** (vt)	[tə pɑːk]
parking (m)	**parking lot**	['pɑːkɪŋ lɒt]
métro (m)	**subway**	['sʌbweɪ]
station (f)	**station**	['steɪʃən]
prendre le métro	**to take the subway**	[tə ˌteɪk ðə 'sʌbweɪ]
train (m)	**train**	[treɪn]
gare (f)	**train station**	[treɪn 'steɪʃən]

28. La ville. La vie urbaine

ville (f)	city, town	['sɪtɪ], [taʊn]
capitale (f)	capital	['kæpɪtəl]
village (m)	village	['vɪlɪdʒ]
plan (m) de la ville	city map	['sɪtɪ͵mæp]
centre-ville (m)	downtown	['daʊn͵taʊn]
banlieue (f)	suburb	['sʌbɜ:b]
de banlieue (adj)	suburban	[sə'bɜ:bən]
périphérie (f)	outskirts	['aʊtskɜ:ts]
alentours (m pl)	environs	[ɪn'vaɪərənz]
quartier (m)	city block	['sɪtɪ blɒk]
quartier (m) résidentiel	residential block	[͵rezɪ'denʃəl blɒk]
trafic (m)	traffic	['træfɪk]
feux (m pl) de circulation	traffic lights	['træfɪk laɪts]
transport (m) urbain	public transportation	['pʌblɪk ͵trænspɔ:'teɪʃən]
carrefour (m)	intersection	[͵ɪntə'sekʃən]
passage (m) piéton	crosswalk	['krɒswɔ:k]
passage (m) souterrain	pedestrian underpass	[pɪ'destrɪən 'ʌndəpɑ:s]
traverser (vt)	to cross (vt)	[tə krɒs]
piéton (m)	pedestrian	[pɪ'destrɪən]
trottoir (m)	sidewalk	['saɪdwɔ:k]
pont (m)	bridge	[brɪdʒ]
quai (m)	embankment	[ɪm'bæŋkmənt]
allée (f)	allée	[ale]
parc (m)	park	[pɑ:k]
boulevard (m)	boulevard	['bu:ləvɑ:d]
place (f)	square	[skweə(r)]
avenue (f)	avenue	['ævənju:]
rue (f)	street	[stri:t]
ruelle (f)	side street	[saɪd stri:t]
impasse (f)	dead end	[͵ded 'end]
maison (f)	house	[haʊs]
édifice (m)	building	['bɪldɪŋ]
gratte-ciel (m)	skyscraper	['skaɪ͵skreɪpə(r)]
façade (f)	facade	[fə'sɑ:d]
toit (m)	roof	[ru:f]
fenêtre (f)	window	['wɪndəʊ]
arc (m)	arch	[ɑ:tʃ]
colonne (f)	column	['kɒləm]
coin (m)	corner	['kɔ:nə(r)]
vitrine (f)	store window	['stɔ: ͵wɪndəʊ]
enseigne (f)	signboard	['saɪnbɔ:d]

affiche (f)	poster	['pəʊstə(r)]
affiche (f) publicitaire	advertising poster	['ædvətaɪzɪŋ 'pəʊstə(r)]
panneau-réclame (m)	billboard	['bɪlbɔːd]

ordures (f pl)	garbage, trash	['gɑːbɪdʒ], [træʃ]
poubelle (f)	trashcan	['træʃkæn]
jeter à terre	to litter (vi)	[tə 'lɪtə(r)]
décharge (f)	garbage dump	['gɑːbɪdʒ dʌmp]

cabine (f) téléphonique	phone booth	['fəʊn ˌbuːð]
réverbère (m)	street light	['striːt laɪt]
banc (m)	bench	[bentʃ]

policier (m)	police officer	[pə'liːs 'ɒfɪsə(r)]
police (f)	police	[pə'liːs]
clochard (m)	beggar	['begə(r)]
sans-abri (m)	homeless	['həʊmlɪs]

29. Les institutions urbaines

magasin (m)	store	[stɔː(r)]
pharmacie (f)	drugstore, pharmacy	['drʌgstɔː(r)], ['fɑːməsɪ]
opticien (m)	eyeglass store	['aɪglɑːs stɔː(r)]
centre (m) commercial	shopping mall	['ʃɒpɪŋ mɔːl]
supermarché (m)	supermarket	['suːpəˌmɑːkɪt]

boulangerie (f)	bakery	['beɪkərɪ]
boulanger (m)	baker	['beɪkə(r)]
pâtisserie (f)	candy store	['kændɪ stɔː(r)]
épicerie (f)	grocery store	['grəʊsərɪ stɔː(r)]
boucherie (f)	butcher shop	['bʊtʃəzʃɒp]

| magasin (m) de légumes | produce store | ['prɒdjuːs stɔː] |
| marché (m) | market | ['mɑːkɪt] |

salon (m) de café	coffee house	['kɒfɪ ˌhaʊs]
restaurant (m)	restaurant	['restrɒnt]
brasserie (f)	pub, bar	[pʌb], [bɑː(r)]
pizzeria (f)	pizzeria	[ˌpiːtsə'rɪə]

salon (m) de coiffure	hair salon	['heə 'sælɒn]
poste (f)	post office	[pəʊst 'ɒfɪs]
pressing (m)	dry cleaners	[ˌdraɪ 'kliːnəz]
atelier (m) de photo	photo studio	['fəʊtəʊ 'stjuːdɪəʊ]

magasin (m) de chaussures	shoe store	['ʃuː stɔː(r)]
librairie (f)	bookstore	['bʊkstɔː(r)]
magasin (m) d'articles de sport	sporting goods store	['spɔːtɪŋ gʊdz stɔː(r)]
atelier (m) de retouche	clothes repair shop	[kləʊðz rɪ'peə(r) ʃɒp]

| location (f) de vêtements | formal wear rental | ['fɔ:məl weə 'rentəl] |
| location (f) de films | video rental store | ['vɪdɪəʊ 'rentəl stɔ:] |

cirque (m)	circus	['sɜ:kəs]
zoo (m)	zoo	[zu:]
cinéma (m)	movie theater	['mu:vɪ 'θɪətə(r)]
musée (m)	museum	[mju:'zi:əm]
bibliothèque (f)	library	['laɪbrərɪ]

théâtre (m)	theater	['θɪətə(r)]
opéra (m)	opera	['ɒpərə]
boîte (f) de nuit	nightclub	[naɪt klʌb]
casino (m)	casino	[kə'si:nəʊ]

mosquée (f)	mosque	[mɒsk]
synagogue (f)	synagogue	['sɪnəgɒg]
cathédrale (f)	cathedral	[kə'θi:drəl]
temple (m)	temple	['tempəl]
église (f)	church	[tʃɜ:tʃ]

institut (m)	college	['kɒlɪdʒ]
université (f)	university	[ˌju:nɪ'vɜ:sətɪ]
école (f)	school	[sku:l]

préfecture (f)	prefecture	['pri:fekˌtjʊə(r)]
mairie (f)	city hall	['sɪtɪ ˌhɔ:l]
hôtel (m)	hotel	[həʊ'tel]
banque (f)	bank	[bæŋk]

ambassade (f)	embassy	['embəsɪ]
agence (f) de voyages	travel agency	['trævəl 'eɪdʒənsɪ]
bureau (m) d'information	information office	[ˌɪnfə'meɪʃən 'ɒfɪs]
bureau (m) de change	currency exchange	['kʌrənsɪ ɪks'tʃeɪndʒ]

| métro (m) | subway | ['sʌbweɪ] |
| hôpital (m) | hospital | ['hɒspɪtəl] |

| station-service (f) | gas station | [gæs 'steɪʃən] |
| parking (m) | parking lot | ['pɑ:kɪŋ lɒt] |

30. Les enseignes. Les panneaux

enseigne (f)	signboard	['saɪnbɔ:d]
pancarte (f)	notice	['nəʊtɪs]
poster (m)	poster	['pəʊstə(r)]
indicateur (m) de direction	direction sign	[dɪ'rekʃən saɪn]
flèche (f)	arrow	['ærəʊ]

| avertissement (m) | caution | ['kɔ:ʃən] |
| panneau d'avertissement | warning sign | ['wɔ:nɪŋ saɪn] |

avertir (vt)	**to warn** (vt)	[tə wɔːn]
jour (m) de repos	**rest day**	[rest deɪ]
horaire (m)	**timetable**	['taɪm,teɪbəl]
heures (f pl) d'ouverture	**opening hours**	['əupənɪŋ ,auəz]
BIENVENUE!	**WELCOME!**	['welkəm]
ENTRÉE	**ENTRANCE**	['entrəns]
SORTIE	**EXIT**	['eksɪt]
POUSSER	**PUSH**	[puʃ]
TIRER	**PULL**	[pul]
OUVERT	**OPEN**	['əupən]
FERMÉ	**CLOSED**	[kləuzd]
FEMMES	**WOMEN**	['wɪmɪn]
HOMMES	**MEN**	['men]
RABAIS	**DISCOUNTS**	['dɪskaunts]
SOLDES	**SALE**	[seɪl]
NOUVEAU!	**NEW!**	[njuː]
GRATUIT	**FREE**	[friː]
ATTENTION!	**ATTENTION!**	[ə'tenʃən]
COMPLET	**NO VACANCIES**	[nəu 'veɪkənsɪz]
RÉSERVÉ	**RESERVED**	[rɪ'zɜːvd]
ADMINISTRATION	**ADMINISTRATION**	[əd,mɪnɪ'streɪʃən]
RÉSERVÉ AU PERSONNEL	**STAFF ONLY**	[stɑːf 'əunlɪ]
ATTENTION CHIEN MÉCHANT	**BEWARE OF THE DOG!**	[bɪ'weə əv ðə ,dɒg]
DÉFENSE DE FUMER	**NO SMOKING**	[nəu 'sməukɪŋ]
PRIÈRE DE NE PAS TOUCHER	**DO NOT TOUCH!**	[də nɒt 'tʌtʃ]
DANGEREUX	**DANGEROUS**	['deɪndʒərəs]
DANGER	**DANGER**	['deɪndʒə(r)]
HAUTE TENSION	**HIGH VOLTAGE**	[haɪ 'vəultɪdʒ]
BAIGNADE INTERDITE	**NO SWIMMING!**	[nəu 'swɪmɪŋ]
HORS SERVICE	**OUT OF ORDER**	[,aut əv 'ɔːdə(r)]
INFLAMMABLE	**FLAMMABLE**	['flæməbəl]
INTERDIT	**FORBIDDEN**	[fə'bɪdən]
PASSAGE INTERDIT	**NO TRESPASSING!**	[nəu 'trespəsɪŋ]
PEINTURE FRAÎCHE	**WET PAINT**	[wet peɪnt]

31. Le shopping

acheter (vt)	**to buy** (vt)	[tə baɪ]
achat (m)	**purchase**	['pɜːtʃəs]

| faire des achats | to go shopping | [tə gəʊ 'ʃɒpɪŋ] |
| shopping (m) | shopping | ['ʃɒpɪŋ] |

| être ouvert | to be open | [tə bi 'əʊpən] |
| être fermé | to be closed | [tə bi kləʊzd] |

chaussures (f pl)	footwear, shoes	['fʊtweə(r)], [ʃu:z]
vêtement (m)	clothes, clothing	[kləʊðz], ['kləʊðɪŋ]
produits (m pl) de beauté	cosmetics	[kɒz'metɪks]
produits (m pl) alimentaires	food products	[fu:d 'prɒdʌkts]
cadeau (m)	gift, present	[gɪft], ['prezənt]

| vendeur (m) | salesman | ['seɪlzmən] |
| vendeuse (f) | saleswoman | ['seɪlzˌwʊmən] |

caisse (f)	check out, cash desk	[tʃek aʊt], [kæʃ desk]
miroir (m)	mirror	['mɪrə(r)]
comptoir (m)	counter	['kaʊntə(r)]
cabine (f) d'essayage	fitting room	['fɪtɪŋ ˌrum]

essayer (robe, etc.)	to try on (vt)	[tə ˌtraɪ 'ɒn]
aller bien (robe, etc.)	to fit (vt)	[tə fɪt]
plaire (être apprécié)	to like (vt)	[tə laɪk]

prix (m)	price	[praɪs]
étiquette (f) de prix	price tag	['praɪs tæg]
coûter (vt)	to cost (vt)	[tə kɒst]
Combien?	How much?	[ˌhaʊ 'mʌtʃ]
rabais (m)	discount	['dɪskaʊnt]

pas cher (adj)	inexpensive	[ˌɪnɪk'spensɪv]
bon marché (adj)	cheap	[tʃi:p]
cher (adj)	expensive	[ɪk'spensɪv]
C'est cher	It's expensive	[ɪts ɪk'spensɪv]

location (f)	rental	['rentəl]
louer (une voiture, etc.)	to rent (vt)	[tə rent]
crédit (m)	credit	['kredɪt]
à crédit (adv)	on credit	[ɒn 'kredɪt]

LES VÊTEMENTS & LES ACCESSOIRES

T&P Books Publishing

32. Les vêtements d'extérieur

vêtement (m)	clothes	[kləʊðz]
survêtement (m)	outerwear	['aʊtəweə(r)]
vêtement (m) d'hiver	winter clothing	['wɪntə 'kləʊðɪŋ]

manteau (m)	coat, overcoat	[kəʊt], ['əʊvəkəʊt]
manteau (m) de fourrure	fur coat	['fɜː‚kəʊt]
veste (f) de fourrure	fur jacket	['fɜː 'dʒækɪt]
manteau (m) de duvet	down coat	['daʊn ‚kəʊt]

veste (f) (~ en cuir)	jacket	['dʒækɪt]
imperméable (m)	raincoat	['reɪnkəʊt]
imperméable (adj)	waterproof	['wɔːtəpruːf]

33. Les vêtements

chemise (f)	shirt	[ʃɜːt]
pantalon (m)	pants	[pænts]
jean (m)	jeans	[dʒiːnz]
veston (m)	jacket	['dʒækɪt]
complet (m)	suit	[suːt]

robe (f)	dress	[dres]
jupe (f)	skirt	[skɜːt]
chemisette (f)	blouse	[blaʊz]
veste (f) en laine	knitted jacket	['nɪtɪd 'dʒækɪt]
jaquette (f), blazer (m)	jacket	['dʒækɪt]

tee-shirt (m)	T-shirt	['tiː ʃɜːt]
short (m)	shorts	[ʃɔːts]
costume (m) de sport	tracksuit	['træksuːt]
peignoir (m) de bain	bathrobe	['bɑːθrəʊb]
pyjama (m)	pajamas	[pə'dʒɑːməz]

| chandail (m) | sweater | ['swetə(r)] |
| pull-over (m) | pullover | ['pʊl‚əʊvə(r)] |

gilet (m)	vest	[vest]
queue-de-pie (f)	tailcoat	[‚teɪl'kəʊt]
smoking (m)	tuxedo	[tʌk'siːdəʊ]

| uniforme (m) | uniform | ['juːnɪfɔːm] |
| tenue (f) de travail | workwear | [wɜːkweə(r)] |

| salopette (f) | overalls | ['əʊvərɔːlz] |
| blouse (f) (d'un médecin) | coat | [kəʊt] |

34. Les sous-vêtements

sous-vêtements (m pl)	underwear	['ʌndəweə(r)]
maillot (m) de corps	undershirt	['ʌndəʃɜːt]
chaussettes (f pl)	socks	[sɒks]

chemise (f) de nuit	nightgown	['naɪtgaʊn]
soutien-gorge (m)	bra	[brɑː]
chaussettes (f pl) hautes	knee highs	['niː ˌhaɪs]
collants (m pl)	pantyhose	['pæntɪhəʊz]
bas (m pl)	stockings	['stɒkɪŋz]
maillot (m) de bain	bathing suit	['beɪðɪŋ suːt]

35. Les chapeaux

chapeau (m)	hat	[hæt]
chapeau (m) feutre	fedora	[fɪ'dɔːrə]
casquette (f) de base-ball	baseball cap	['beɪsbɔːl kæp]
casquette (f)	flatcap	[flæt kæp]

béret (m)	beret	['bereɪ]
capuche (f)	hood	[hʊd]
panama (m)	panama	['pænəmɑː]
bonnet (m) de laine	knit cap, knitted hat	[nɪt kæp], ['nɪtɪdˌhæt]

| foulard (m) | headscarf | ['hedskɑːf] |
| chapeau (m) de femme | women's hat | ['wɪmɪns hæt] |

casque (m) (d'ouvriers)	hard hat	[hɑːd hæt]
calot (m)	garrison cap	['gærɪsən kæp]
casque (m) (~ de moto)	helmet	['helmɪt]

| melon (m) | derby | ['dɜːbɪ] |
| haut-de-forme (m) | top hat | [tɒp hæt] |

36. Les chaussures

chaussures (f pl)	footwear	['fʊtweə(r)]
bottines (f pl)	shoes	[ʃuːz]
souliers (m pl) (~ plats)	shoes	[ʃuːz]
bottes (f pl)	boots	[buːts]
chaussons (m pl)	slippers	['slɪpəz]
tennis (m pl)	tennis shoes	['tenɪsʃuːz]

| baskets (f pl) | sneakers | ['sni:kəz] |
| sandales (f pl) | sandals | ['sændəlz] |

cordonnier (m)	cobbler, shoe repairer	['kɒblə(r)], [ʃu: rɪ'peərə(r)]
talon (m)	heel	[hi:l]
paire (f)	pair	[peə(r)]

lacet (m)	shoestring	['ʃu:strɪŋ]
lacer (vt)	to lace (vt)	[tə leɪs]
chausse-pied (m)	shoehorn	['ʃu:hɔ:n]
cirage (m)	shoe polish	[ʃu: 'pɒlɪʃ]

37. Les accessoires personnels

gants (m pl)	gloves	[glʌvz]
moufles (f pl)	mittens	['mɪtənz]
écharpe (f)	scarf	[skɑ:f]

lunettes (f pl)	glasses	[glɑ:sɪz]
monture (f)	frame	[freɪm]
parapluie (m)	umbrella	[ʌm'brelə]
canne (f)	walking stick	['wɔ:kɪŋ stɪk]
brosse (f) à cheveux	hairbrush	['heəbrʌʃ]
éventail (m)	fan	[fæn]

cravate (f)	tie	[taɪ]
nœud papillon (m)	bow tie	[bəʊ taɪ]
bretelles (f pl)	suspenders	[sə'spendəz]
mouchoir (m)	handkerchief	['hæŋkətʃɪf]

peigne (m)	comb	[kəʊm]
barrette (f)	barrette	[bə'ret]
épingle (f) à cheveux	hairpin	['heəpɪn]
boucle (f)	buckle	['bʌkəl]

| ceinture (f) | belt | [belt] |
| bandoulière (f) | shoulder strap | ['ʃəʊldə stræp] |

sac (m)	bag	[bæg]
sac (m) à main	purse	[pɜ:s]
sac (m) à dos	backpack	['bækpæk]

38. Les vêtements. Divers

mode (f)	fashion	['fæʃən]
à la mode (adj)	in vogue	[ɪn vəʊg]
couturier,	fashion designer	['fæʃən dɪ'zaɪnə(r)]
créateur de mode		

col (m)	collar	['kɒlə(r)]
poche (f)	pocket	['pɒkɪt]
de poche (adj)	pocket	['pɒkɪt]
manche (f)	sleeve	[sli:v]
bride (f)	hanging loop	['hæŋɪŋ lu:p]
braguette (f)	fly	[flaɪ]

fermeture (f) à glissière	zipper	['zɪpə(r)]
agrafe (f)	fastener	['fɑ:sənə(r)]
bouton (m)	button	['bʌtən]
boutonnière (f)	buttonhole	['bʌtənhəʊl]
s'arracher (bouton)	to come off	[tə kʌm ɒf]

coudre (vi, vt)	to sew (vi, vt)	[tə səʊ]
broder (vt)	to embroider (vi, vt)	[tə ɪm'brɔɪdə(r)]
broderie (f)	embroidery	[ɪm'brɔɪdərɪ]
aiguille (f)	sewing needle	['səʊɪŋ 'ni:dəl]
fil (m)	thread	[θred]
couture (f)	seam	[si:m]

se salir (vp)	to get dirty (vi)	[tə get 'dɜ:tɪ]
tache (f)	stain	[steɪn]
se froisser (vp)	to crease, crumple (vi)	[tə kri:s], ['krʌmpəl]
déchirer (vt)	to tear, to rip (vt)	[tə teər], [tə rɪp]
mite (f)	clothes moth	[kləʊðz mɒθ]

39. L'hygiène corporelle. Les cosmétiques

dentifrice (m)	toothpaste	['tu:θpeɪst]
brosse (f) à dents	toothbrush	['tu:θbrʌʃ]
se brosser les dents	to brush one's teeth	[tə brʌʃ wʌns 'ti:θ]

rasoir (m)	razor	['reɪzə(r)]
crème (f) à raser	shaving cream	['ʃeɪvɪŋ ˌkri:m]
se raser (vp)	to shave (vi)	[tə ʃeɪv]

| savon (m) | soap | [səʊp] |
| shampooing (m) | shampoo | [ʃæm'pu:] |

ciseaux (m pl)	scissors	['sɪzəz]
lime (f) à ongles	nail file	['neɪl ˌfaɪl]
pinces (f pl) à ongles	nail clippers	[neɪl 'klɪpərz]
pince (f) à épiler	tweezers	['twi:zəz]

produits (m pl) de beauté	cosmetics	[kɒz'metɪks]
masque (m) de beauté	face mask	[feɪs mɑ:sk]
manucure (f)	manicure	['mænɪˌkjʊə(r)]
se faire les ongles	to have a manicure	[tə hævə 'mænɪˌkjʊə]
pédicurie (f)	pedicure	['pedɪˌkjʊə(r)]
trousse (f) de toilette	make-up bag	['meɪk ʌp ˌbæg]

poudre (f)	face powder	[feɪs 'paʊdə(r)]
poudrier (m)	powder compact	['paʊdə 'kɒmpækt]
fard (m) à joues	blusher	['blʌʃə(r)]

parfum (m)	perfume	['pɜ:fju:m]
eau (f) de toilette	toilet water	['tɔɪlɪt 'wɔ:tə(r)]
lotion (f)	lotion	['ləʊʃən]
eau de Cologne (f)	cologne	[kə'ləʊn]

fard (m) à paupières	eyeshadow	['aɪʃædəʊ]
crayon (m) à paupières	eyeliner	['aɪˌlaɪnə(r)]
mascara (m)	mascara	[mæs'kɑ:rə]

rouge (m) à lèvres	lipstick	['lɪpstɪk]
vernis (m) à ongles	nail polish	['neɪl ˌpɒlɪʃ]
laque (f) pour les cheveux	hair spray	['heəspreɪ]
déodorant (m)	deodorant	[di:'əʊdərənt]

crème (f)	cream	[kri:m]
crème (f) pour le visage	face cream	['feɪs ˌkri:m]
crème (f) pour les mains	hand cream	['hændˌkri:m]
crème (f) anti-rides	anti-wrinkle cream	['æntɪ 'rɪŋkəl kri:m]
crème (f) de jour	day cream	['deɪ ˌkri:m]
crème (f) de nuit	night cream	['naɪt ˌkri:m]

tampon (m)	tampon	['tæmpɒn]
papier (m) de toilette	toilet paper	['tɔɪlɪt 'peɪpə(r)]
sèche-cheveux (m)	hair dryer	['heəˌdraɪə(r)]

40. Les montres. Les horloges

montre (f)	watch	[wɒtʃ]
cadran (m)	dial	['daɪəl]
aiguille (f)	hand	[hænd]
bracelet (m)	bracelet	['breɪslɪt]
bracelet (m) (en cuir)	watch strap	[wɒtʃ stræp]

pile (f)	battery	['bætərɪ]
être déchargé	to be dead	[tə bi ded]
changer de pile	to change a battery	[tə tʃeɪndʒ ə 'bætərɪ]

| avancer (vi) | to run fast | [tə rʌn fɑ:st] |
| retarder (vi) | to run slow | [tə rʌn sləʊ] |

pendule (f)	wall clock	['wɔ:l ˌklɒk]
sablier (m)	hourglass	['aʊəglɑ:s]
cadran (m) solaire	sundial	['sʌndaɪəl]
réveil (m)	alarm clock	[ə'lɑ:m klɒk]
horloger (m)	watchmaker	['wɒtʃˌmeɪkə(r)]
réparer (vt)	to repair (vt)	[tə rɪ'peə(r)]

T&P BOOKS

L'EXPÉRIENCE QUOTIDIENNE

T&P Books Publishing

argent (m)	money	['mʌnɪ]
échange (m)	currency exchange	['kʌrənsɪ ɪks'tʃeɪndʒ]
cours (m) de change	exchange rate	[ɪks'tʃeɪndʒ reɪt]
distributeur (m)	ATM	[ˌeɪtiː'em]
monnaie (f)	coin	[kɔɪn]

| dollar (m) | dollar | ['dɒlə(r)] |
| euro (m) | euro | ['jʊərəʊ] |

lire (f)	lira	['lɪərə]
mark (m) allemand	Deutschmark	['dɔɪtʃmɑːk]
franc (m)	franc	[fræŋk]
livre sterling (f)	pound sterling	[paʊnd 'stɜːlɪŋ]
yen (m)	yen	[jen]

dette (f)	debt	[det]
débiteur (m)	debtor	['detə(r)]
prêter (vt)	to lend (vt)	[tə lend]
emprunter (vt)	to borrow (vt)	[tə 'bɒrəʊ]

banque (f)	bank	[bæŋk]
compte (m)	account	[ə'kaʊnt]
verser (dans le compte)	to deposit (vt)	[tə dɪ'pɒzɪt]

carte (f) de crédit	credit card	['kredɪt kɑːd]
espèces (f pl)	cash	[kæʃ]
chèque (m)	check	[tʃek]
faire un chèque	to write a check	[tə ˌraɪt ə 'tʃek]
chéquier (m)	checkbook	['tʃekˌbʊk]

portefeuille (m)	wallet	['wɒlɪt]
bourse (f)	change purse	[tʃeɪndʒ pɜːs]
coffre fort (m)	safe	[seɪf]

héritier (m)	heir	[eə(r)]
héritage (m)	inheritance	[ɪn'herɪtəns]
fortune (f)	fortune	['fɔːtʃuːn]

location (f)	lease	[liːs]
loyer (m) (argent)	rent	[rent]
louer (prendre en location)	to rent (vt)	[tə rent]

| prix (m) | price | [praɪs] |
| coût (m) | cost | [kɒst] |

somme (f)	sum	[sʌm]
dépenses (f pl)	expenses	[ɪk'spensɪz]
économiser (vt)	to economize (vi, vt)	[tə ɪ'kɒnəmaɪz]
économe (adj)	economical	[ˌiːkə'nɒmɪkəl]

payer (régler)	to pay (vi, vt)	[tə peɪ]
paiement (m)	payment	['peɪmənt]
monnaie (f) (rendre la ~)	change	[tʃeɪndʒ]

impôt (m)	tax	[tæks]
amende (f)	fine	[faɪn]
mettre une amende	to fine (vt)	[tə faɪn]

42. La poste. Les services postaux

poste (f)	post office	[pəʊst 'ɒfɪs]
courrier (m) (lettres, etc.)	mail	[meɪl]
facteur (m)	mailman	['meɪlmən]
heures (f pl) d'ouverture	opening hours	['əʊpənɪŋ ˌaʊəz]

lettre (f)	letter	['letə(r)]
recommandé (m)	registered letter	['redʒɪstəd 'letə(r)]
carte (f) postale	postcard	['pəʊstkɑːd]
télégramme (m)	telegram	['telɪgræm]

| colis (m) | package, parcel | ['pækɪdʒ], ['pɑːsəl] |
| mandat (m) postal | money transfer | ['mʌnɪ træns'fɜː(r)] |

recevoir (vt)	to receive (vt)	[tə rɪ'siːv]
envoyer (vt)	to send (vt)	[tə send]
envoi (m)	sending	['sendɪŋ]

| adresse (f) | address | [ə'dres] |
| code (m) postal | ZIP code | ['zɪp ˌkəʊd] |

| expéditeur (m) | sender | ['sendə(r)] |
| destinataire (m) | receiver | [rɪ'siːvə(r)] |

| prénom (m) | first name | [fɜːst neɪm] |
| nom (m) de famille | surname, last name | ['sɜːneɪm], [lɑːst neɪm] |

tarif (m)	rate	[reɪt]
normal (adj)	standard	['stændəd]
économique (adj)	economical	[ˌiːkə'nɒmɪkəl]

poids (m)	weight	[weɪt]
peser (~ les lettres)	to weigh (vt)	[tə weɪ]
enveloppe (f)	envelope	['envələʊp]
timbre (m)	postage stamp	['pəʊstɪdʒ ˌstæmp]
timbrer (vt)	to stamp an envelope	[tə stæmp ən 'envələʊp]

43. Les opérations bancaires

banque (f)	**bank**	[bæŋk]
agence (f) bancaire	**branch**	[brɑːntʃ]
conseiller (m)	**clerk, consultant**	[klɜːk], [kən'sʌltənt]
gérant (m)	**manager**	['mænɪdʒə(r)]
compte (m)	**bank account**	[bæŋk ə'kaʊnt]
numéro (m) du compte	**account number**	[ə'kaʊnt 'nʌmbə(r)]
compte (m) courant	**checking account**	['tʃekɪŋ ə'kaʊnt]
compte (m) sur livret	**savings account**	['seɪvɪŋz ə'kaʊnt]
ouvrir un compte	**to open an account**	[tu 'əʊpən ən ə'kaʊnt]
clôturer le compte	**to close the account**	[tə kləʊz ðɪ ə'kaʊnt]
dépôt (m)	**deposit**	[dɪ'pɒzɪt]
faire un dépôt	**to make a deposit**	[tə meɪk ə dɪ'pɒzɪt]
virement (m) bancaire	**wire transfer**	['waɪə 'trænsfɜː(r)]
faire un transfert	**to wire, to transfer**	[tə 'waɪə], [tə træns'fɜː]
somme (f)	**sum**	[sʌm]
Combien?	**How much?**	[ˌhaʊ 'mʌtʃ]
signature (f)	**signature**	['sɪgnətʃə(r)]
signer (vt)	**to sign** (vt)	[tə saɪn]
carte (f) de crédit	**credit card**	['kredɪt kɑːd]
code (m)	**code**	[kəʊd]
numéro (m) de carte de crédit	**credit card number**	['kredɪt kɑːd 'nʌmbə(r)]
distributeur (m)	**ATM**	[ˌeɪtiː'em]
chèque (m)	**check**	[tʃek]
faire un chèque	**to write a check**	[tə ˌraɪt ə 'tʃek]
chéquier (m)	**checkbook**	['tʃekˌbʊk]
crédit (m)	**loan**	[ləʊn]
demander un crédit	**to apply for a loan**	[tə ə'plaɪ fɔːrə ləʊn]
prendre un crédit	**to get a loan**	[tə get ə ləʊn]
accorder un crédit	**to give a loan**	[tə gɪv ə ləʊn]
gage (m)	**guarantee**	[ˌgærən'tiː]

44. Le téléphone. La conversation téléphonique

téléphone (m)	**telephone**	['telɪfəʊn]
portable (m)	**mobile phone**	['məʊbaɪl fəʊn]
répondeur (m)	**answering machine**	['ɑːnsərɪŋ mə'ʃiːn]
téléphoner, appeler	**to call** (vi, vt)	[tə kɔːl]

appel (m)	phone call	[fəʊn kɔːl]
composer le numéro	to dial a number	[tə 'daɪəl ə 'nʌmbə(r)]
Allô!	Hello!	[hə'ləʊ]
demander (~ l'heure)	to ask (vt)	[tə ɑːsk]
répondre (vi, vt)	to answer (vi, vt)	[tə 'ɑːnsə(r)]

entendre (bruit, etc.)	to hear (vt)	[tə hɪə(r)]
bien (adv)	well	[wel]
mal (adv)	not well	[nɒt wel]
bruits (m pl)	noises	[nɔɪzɪz]

récepteur (m)	receiver	[rɪ'siːvə(r)]
décrocher (vt)	to pick up the phone	[tə pɪk ʌp ðə fəʊn]
raccrocher (vi)	to hang up	[tə hæŋg ʌp]

occupé (adj)	busy	['bɪzɪ]
sonner (vi)	to ring (vi)	[tə rɪŋ]
carnet (m) de téléphone	telephone book	['telɪfəʊn bʊk]

local (adj)	local	['ləʊkəl]
appel (m) local	local call	['ləʊkəl kɔːl]
interurbain (adj)	long distance	[lɒŋ 'dɪstəns]
appel (m) interurbain	long distance call	[lɒŋ 'dɪstəns kɔːl]
international (adj)	international	[ˌɪntə'næʃənəl]
appel (m) international	international call	[ˌɪntə'næʃənəl kɔːl]

45. Le téléphone portable

portable (m)	mobile phone	['məʊbaɪl fəʊn]
écran (m)	display	[dɪ'spleɪ]
bouton (m)	button	['bʌtən]
carte SIM (f)	SIM card	[sɪm kɑːd]

pile (f)	battery	['bætərɪ]
être déchargé	to be dead	[tə bi ded]
chargeur (m)	charger	['tʃɑːdʒə(r)]

menu (m)	menu	['menjuː]
réglages (m pl)	settings	['setɪŋz]
mélodie (f)	tune	[tjuːn]
sélectionner (vt)	to select (vt)	[tə sɪ'lekt]

| calculatrice (f) | calculator | ['kælkjʊleɪtə(r)] |
| répondeur (m) | voice mail | [vɔɪs meɪl] |

| réveil (m) | alarm clock | [ə'lɑːm klɒk] |
| contacts (m pl) | contacts | ['kɒntækts] |

| SMS (m) | SMS | [ˌesem'es] |
| abonné (m) | subscriber | [səb'skraɪbə(r)] |

46. La papeterie

stylo (m) à bille	ballpoint pen	['bɔ:lpɔɪnt pen]
stylo (m) à plume	fountain pen	['faʊntɪn pen]
crayon (m)	pencil	['pensəl]
marqueur (m)	highlighter	['haɪlaɪtə(r)]
feutre (m)	felt-tip pen	[felt tɪp pen]
bloc-notes (m)	notepad	['nəʊtpæd]
agenda (m)	agenda	[ə'dʒendə]
règle (f)	ruler	['ru:lə(r)]
calculatrice (f)	calculator	['kælkjʊleɪtə(r)]
gomme (f)	eraser	[ɪ'reɪsə(r)]
punaise (f)	thumbtack	['θʌmtæk]
trombone (m)	paper clip	['peɪpə klɪp]
colle (f)	glue	[glu:]
agrafeuse (f)	stapler	['steɪplə(r)]
perforateur (m)	hole punch	[həʊl pʌntʃ]
taille-crayon (m)	pencil sharpener	['pensəl 'ʃɑ:pənə(r)]

47. Les langues étrangères

langue (f)	language	['læŋgwɪdʒ]
étranger (adj)	foreign	['fɒrən]
étudier (vt)	to study (vt)	[tə 'stʌdɪ]
apprendre (~ l'arabe)	to learn (vt)	[tə lɜ:n]
lire (vi, vt)	to read (vi, vt)	[tə ri:d]
parler (vi, vt)	to speak (vi, vt)	[tə spi:k]
comprendre (vt)	to understand (vt)	[tə‚ʌndə'stænd]
écrire (vt)	to write (vt)	[tə raɪt]
vite (adv)	quickly, fast	['kwɪklɪ], [fɑ:st]
lentement (adv)	slowly	['sləʊlɪ]
couramment (adv)	fluently	['flu:əntlɪ]
règles (f pl)	rules	[ru:lz]
grammaire (f)	grammar	['græmə(r)]
vocabulaire (m)	vocabulary	[və'kæbjʊlərɪ]
phonétique (f)	phonetics	[fə'netɪks]
manuel (m)	textbook	['tekstbʊk]
dictionnaire (m)	dictionary	['dɪkʃənərɪ]
manuel (m) autodidacte	teach-yourself book	[ti:tʃ jɔ:'self bʊk]
guide (m) de conversation	phrasebook	['freɪzbʊk]
cassette (f)	cassette	[kæ'set]

cassette (f) vidéo	**videotape**	['vɪdɪəʊteɪp]
CD (m)	**CD, compact disc**	[ˌsiː'diː], [kəm'pækt dɪsk]
DVD (m)	**DVD**	[ˌdiːviː'diː]
alphabet (m)	**alphabet**	['ælfəbet]
épeler (vt)	**to spell** (vt)	[tə spel]
prononciation (f)	**pronunciation**	[prəˌnʌnsɪ'eɪʃən]
accent (m)	**accent**	['æksent]
avec un accent	**with an accent**	[wɪð ən 'æksent]
sans accent	**without an accent**	[wɪ'ðaʊt ən 'æksent]
mot (m)	**word**	[wɜːd]
sens (m)	**meaning**	['miːnɪŋ]
cours (m pl)	**course**	[kɔːs]
s'inscrire (vp)	**to sign up** (vi)	[tə saɪn ʌp]
professeur (m) (~ d'anglais)	**teacher**	['tiːtʃə(r)]
traduction (f) (texte)	**translation**	[træns'leɪʃən]
traducteur (m)	**translator**	[træns'leɪtə(r)]
interprète (m)	**interpreter**	[ɪn'tɜːprɪtə(r)]
polyglotte (m)	**polyglot**	['pɒlɪglɒt]
mémoire (f)	**memory**	['memərɪ]

T&P BOOKS

LES REPAS.
LE RESTAURANT

T&P Books Publishing

48. Le dressage de la table

cuillère (f)	**spoon**	[spu:n]
couteau (m)	**knife**	[naɪf]
fourchette (f)	**fork**	[fɔ:k]
tasse (f)	**cup**	[kʌp]
assiette (f)	**plate**	[pleɪt]
soucoupe (f)	**saucer**	['sɔ:sə(r)]
serviette (f)	**napkin**	['næpkɪn]
cure-dent (m)	**toothpick**	['tu:θpɪk]

49. Le restaurant

restaurant (m)	**restaurant**	['restrɒnt]
salon (m) de café	**coffee house**	['kɒfɪ ˌhaʊs]
bar (m)	**pub, bar**	[pʌb], [bɑ:(r)]
salon (m) de thé	**tearoom**	['ti:rʊm]
serveur (m)	**waiter**	['weɪtə(r)]
serveuse (f)	**waitress**	['weɪtrɪs]
barman (m)	**bartender**	['bɑ:rˌtendə(r)]
carte (f)	**menu**	['menju:]
carte (f) des vins	**wine list**	['waɪn lɪst]
réserver une table	**to book a table**	[tə bʊk ə 'teɪbəl]
plat (m)	**course, dish**	[kɔ:s], [dɪʃ]
commander (vt)	**to order** (vi, vt)	[tə 'ɔ:də(r)]
faire la commande	**to make an order**	[tə meɪk ən 'ɔ:də(r)]
apéritif (m)	**aperitif**	[əperə'ti:f]
hors-d'œuvre (m)	**appetizer**	['æpɪtaɪzə(r)]
dessert (m)	**dessert**	[dɪ'zɜ:t]
addition (f)	**check**	[tʃek]
régler l'addition	**to pay the check**	[tə peɪ ðə tʃek]
rendre la monnaie	**to give change**	[tə gɪv 'tʃeɪndʒ]
pourboire (m)	**tip**	[tɪp]

50. Les repas

nourriture (f)	**food**	[fu:d]
manger (vi, vt)	**to eat** (vi, vt)	[tə i:t]

petit déjeuner (m)	**breakfast**	['brekfəst]
prendre le petit déjeuner	**to have breakfast**	[tə hæv 'brekfəst]
déjeuner (m)	**lunch**	[lʌntʃ]
déjeuner (vi)	**to have lunch**	[tə hæv lʌntʃ]
dîner (m)	**dinner**	['dɪnə(r)]
dîner (vi)	**to have dinner**	[tə hæv 'dɪnə(r)]
appétit (m)	**appetite**	['æpɪtaɪt]
Bon appétit!	**Enjoy your meal!**	[ɪn'dʒɔɪ jɔː ˌmiːl]
ouvrir (vt)	**to open** (vt)	[tə 'əʊpən]
renverser (liquide)	**to spill** (vt)	[tə spɪl]
se renverser (liquide)	**to spill out** (vi)	[tə spɪl aʊt]
bouillir (vi)	**to boil** (vi)	[tə bɔɪl]
faire bouillir	**to boil** (vt)	[tə bɔɪl]
bouilli (l'eau ~e)	**boiled**	['bɔɪld]
refroidir (vt)	**to chill, cool down** (vt)	[tə tʃɪl], [kuːl daʊn]
se refroidir (vp)	**to chill** (vi)	[tə tʃɪl]
goût (m)	**taste, flavor**	[teɪst], ['fleɪvə(r)]
arrière-goût (m)	**aftertaste**	['ɑːftəteɪst]
suivre un régime	**to slim down**	[tə slɪm daʊn]
régime (m)	**diet**	['daɪət]
vitamine (f)	**vitamin**	['vaɪtəmɪn]
calorie (f)	**calorie**	['kælərɪ]
végétarien (m)	**vegetarian**	[ˌvedʒɪ'teərɪən]
végétarien (adj)	**vegetarian**	[ˌvedʒɪ'teərɪən]
lipides (m pl)	**fats**	[fæts]
protéines (f pl)	**proteins**	['prəʊtiːnz]
glucides (m pl)	**carbohydrates**	[ˌkɑːbəʊ'haɪdreɪts]
tranche (f)	**slice**	[slaɪs]
morceau (m)	**piece**	[piːs]
miette (f)	**crumb**	[krʌm]

51. Les plats cuisinés

plat (m)	**course, dish**	[kɔːs], [dɪʃ]
cuisine (f)	**cuisine**	[kwɪ'ziːn]
recette (f)	**recipe**	['resɪpɪ]
portion (f)	**portion**	['pɔːʃən]
salade (f)	**salad**	['sæləd]
soupe (f)	**soup**	[suːp]
bouillon (m)	**clear soup**	[ˌklɪə 'suːp]
sandwich (m)	**sandwich**	['sænwɪdʒ]
les œufs brouillés	**fried eggs**	['fraɪd ˌegz]

boulette (f)	fried meatballs	[fraɪd 'miːtbɔːlz]
hamburger (m)	hamburger	['hæmbɜːgə(r)]
steak (m)	steak	[steɪk]
rôti (m)	stew	[stjuː]

garniture (f)	side dish	[saɪd dɪʃ]
spaghettis (m pl)	spaghetti	[spə'getɪ]
purée (f)	mashed potatoes	[mæʃt pə'teɪtəʊz]
pizza (f)	pizza	['piːtsə]
bouillie (f)	porridge	['pɒrɪdʒ]
omelette (f)	omelet	['ɒmlɪt]

cuit à l'eau (adj)	boiled	['bɔɪld]
fumé (adj)	smoked	[sməʊkt]
frit (adj)	fried	[fraɪd]
sec (adj)	dried	[draɪd]
congelé (adj)	frozen	['frəʊzən]
mariné (adj)	pickled	['pɪkəld]

sucré (adj)	sweet	[swiːt]
salé (adj)	salty	['sɔːltɪ]
froid (adj)	cold	[kəʊld]
chaud (adj)	hot	[hɒt]
amer (adj)	bitter	['bɪtə(r)]
bon (savoureux)	tasty	['teɪstɪ]

cuire à l'eau	to cook in boiling water	[tə kʊk in 'bɔɪlɪŋ 'wɔːtə]
préparer (le dîner)	to cook (vt)	[tə kʊk]
faire frire	to fry (vt)	[tə fraɪ]
réchauffer (vt)	to heat up	[tə hiːt ʌp]

saler (vt)	to salt (vt)	[tə sɔːlt]
poivrer (vt)	to pepper (vt)	[tə 'pepə(r)]
râper (vt)	to grate (vt)	[tə greɪt]
peau (f)	peel	[piːl]
éplucher (vt)	to peel (vt)	[tə piːl]

52. Les aliments

viande (f)	meat	[miːt]
poulet (m)	chicken	['tʃɪkɪn]
poulet (m) (poussin)	Rock Cornish hen	[rɒk 'kɔːnɪʃ hen]
canard (m)	duck	[dʌk]
oie (f)	goose	[guːs]
gibier (m)	game	[geɪm]
dinde (f)	turkey	['tɜːkɪ]

du porc	pork	[pɔːk]
du veau	veal	[viːl]
du mouton	lamb	[læm]

| du bœuf | beef | [biːf] |
| lapin (m) | rabbit | ['ræbɪt] |

saucisson (m)	sausage	['sɒsɪdʒ]
saucisse (f)	vienna sausage	[vɪ'enə 'sɒsɪdʒ]
bacon (m)	bacon	['beɪkən]
jambon (m)	ham	[hæm]
cuisse (f)	gammon	['gæmən]

pâté (m)	pâté	['pæteɪ]
foie (m)	liver	['lɪvə(r)]
lard (m)	lard	[lɑːd]
farce (f)	hamburger	['hæmbɜːgə(r)]
langue (f)	tongue	[tʌŋ]

œuf (m)	egg	[eg]
les œufs	eggs	[egz]
blanc (m) d'œuf	egg white	['eg ˌwaɪt]
jaune (m) d'œuf	egg yolk	['eg ˌjəʊk]

poisson (m)	fish	[fɪʃ]
fruits (m pl) de mer	seafood	['siːfuːd]
crustacés (m pl)	crustaceans	[krʌ'steɪʃənz]
caviar (m)	caviar	['kævɪɑː(r)]

crabe (m)	crab	[kræb]
crevette (f)	shrimp	[ʃrɪmp]
huître (f)	oyster	['ɔɪstə(r)]
langoustine (f)	spiny lobster	['spaɪnɪ 'lɒbstə(r)]
poulpe (m)	octopus	['ɒktəpəs]
calamar (m)	squid	[skwɪd]

esturgeon (m)	sturgeon	['stɜːdʒən]
saumon (m)	salmon	['sæmən]
flétan (m)	halibut	['hælɪbət]

morue (f)	cod	[kɒd]
maquereau (m)	mackerel	['mækərəl]
thon (m)	tuna	['tuːnə]
anguille (f)	eel	[iːl]

truite (f)	trout	[traʊt]
sardine (f)	sardine	[sɑː'diːn]
brochet (m)	pike	[paɪk]
hareng (m)	herring	['herɪŋ]

pain (m)	bread	[bred]
fromage (m)	cheese	[tʃiːz]
sucre (m)	sugar	['ʃʊgə(r)]
sel (m)	salt	[sɔːlt]
riz (m)	rice	[raɪs]
pâtes (m pl)	pasta	['pæstə]

nouilles (f pl)	**noodles**	['nu:dəlz]
beurre (m)	**butter**	['bʌtə(r)]
huile (f) végétale	**vegetable oil**	['vedʒtəbəl ɔil]
huile (f) de tournesol	**sunflower oil**	['sʌn,flauə ɔil]
margarine (f)	**margarine**	[,mɑ:dʒə'ri:n]
olives (f pl)	**olives**	['ɒlɪvz]
huile (f) d'olive	**olive oil**	['ɒlɪv ,ɔil]
lait (m)	**milk**	[mɪlk]
lait (m) condensé	**condensed milk**	[kən'denst mɪlk]
yogourt (m)	**yogurt**	['jəʊgərt]
crème (f) aigre	**sour cream**	['sauə ,kri:m]
crème (f) (de lait)	**cream**	[kri:m]
sauce (f) mayonnaise	**mayonnaise**	[,meiə'neiz]
crème (f) au beurre	**buttercream**	['bʌtə,kri:m]
gruau (m)	**cereal grains**	['siəriəl greinz]
farine (f)	**flour**	['flauə(r)]
conserves (f pl)	**canned food**	[kænd fu:d]
pétales (m pl) de maïs	**cornflakes**	['kɔ:nfleiks]
miel (m)	**honey**	['hʌni]
confiture (f)	**jam**	[dʒæm]
gomme (f) à mâcher	**chewing gum**	['tʃu:iŋ ,gʌm]

53. Les boissons

eau (f)	**water**	['wɔ:tə(r)]
eau (f) potable	**drinking water**	['drɪŋkɪŋ 'wɔ:tə(r)]
eau (f) minérale	**mineral water**	['mɪnərəl 'wɔ:tə(r)]
plate (adj)	**still**	[stɪl]
gazeuse (l'eau ~)	**carbonated**	['kɑ:bəneitid]
pétillante (adj)	**sparkling**	['spɑ:klɪŋ]
glace (f)	**ice**	[ais]
avec de la glace	**with ice**	[wɪð ais]
sans alcool	**non-alcoholic**	[nɒn ,ælkə'hɒlik]
boisson (f) non alcoolisée	**soft drink**	[sɒft drɪŋk]
rafraîchissement (m)	**refreshing drink**	[rɪ'freʃɪŋ drɪŋk]
limonade (f)	**lemonade**	[,lemə'neid]
boissons (f pl) alcoolisées	**liquors**	['lɪkəz]
vin (m)	**wine**	[wain]
vin (m) blanc	**white wine**	['wait ,wain]
vin (m) rouge	**red wine**	['red ,wain]
liqueur (f)	**liqueur**	[lɪ'kjuə(r)]
champagne (m)	**champagne**	[ʃæm'pein]

vermouth (m)	**vermouth**	[vɜ:'mu:θ]
whisky (m)	**whisky**	['wɪskɪ]
vodka (f)	**vodka**	['vɒdkə]
gin (m)	**gin**	[dʒɪn]
cognac (m)	**cognac**	['kɒnjæk]
rhum (m)	**rum**	[rʌm]
café (m)	**coffee**	['kɒfɪ]
café (m) noir	**black coffee**	[blæk 'kɒfɪ]
café (m) au lait	**coffee with milk**	['kɒfɪ wɪð mɪlk]
cappuccino (m)	**cappuccino**	[ˌkæpʊ'tʃi:nəʊ]
café (m) soluble	**instant coffee**	['ɪnstənt 'kɒfɪ]
lait (m)	**milk**	[mɪlk]
cocktail (m)	**cocktail**	['kɒkteɪl]
cocktail (m) au lait	**milkshake**	['mɪlk ʃeɪk]
jus (m)	**juice**	[dʒu:s]
jus (m) de tomate	**tomato juice**	[tə'meɪtəʊ dʒu:s]
jus (m) d'orange	**orange juice**	['ɒrɪndʒ ˌdʒu:s]
jus (m) pressé	**freshly squeezed juice**	['freʃlɪ skwi:zd dʒu:s]
bière (f)	**beer**	[bɪə(r)]
bière (f) blonde	**light beer**	[ˌlaɪt 'bɪə(r)]
bière (f) brune	**dark beer**	['dɑ:k ˌbɪə(r)]
thé (m)	**tea**	[ti:]
thé (m) noir	**black tea**	[blæk ti:]
thé (m) vert	**green tea**	['gri:nˌti:]

54. Les légumes

légumes (m pl)	**vegetables**	['vedʒtəbəlz]
verdure (f)	**greens**	[gri:nz]
tomate (f)	**tomato**	[tə'meɪtəʊ]
concombre (m)	**cucumber**	['kju:kʌmbə(r)]
carotte (f)	**carrot**	['kærət]
pomme (f) de terre	**potato**	[pə'teɪtəʊ]
oignon (m)	**onion**	['ʌnjən]
ail (m)	**garlic**	['gɑ:lɪk]
chou (m)	**cabbage**	['kæbɪdʒ]
chou-fleur (m)	**cauliflower**	['kɒlɪˌflaʊə(r)]
chou (m) de Bruxelles	**Brussels sprouts**	['brʌsəlz ˌspraʊts]
brocoli (m)	**broccoli**	['brɒkəlɪ]
betterave (f)	**beetroot**	['bi:tru:t]
aubergine (f)	**eggplant**	['egplɑ:nt]
courgette (f)	**zucchini**	[zu:'ki:nɪ]

potiron (m)	**pumpkin**	['pʌmpkɪn]
navet (m)	**turnip**	['tɜ:nɪp]
persil (m)	**parsley**	['pɑ:slɪ]
fenouil (m)	**dill**	[dɪl]
laitue (f) (salade)	**lettuce**	['letɪs]
céleri (m)	**celery**	['selərɪ]
asperge (f)	**asparagus**	[ə'spærəgəs]
épinard (m)	**spinach**	['spɪnɪdʒ]
pois (m)	**pea**	[pi:]
fèves (f pl)	**beans**	[bi:nz]
maïs (m)	**corn**	[kɔ:n]
haricot (m)	**kidney bean**	['kɪdnɪ bi:n]
poivron (m)	**bell pepper**	[bel 'pepə(r)]
radis (m)	**radish**	['rædɪʃ]
artichaut (m)	**artichoke**	['ɑ:tɪtʃəʊk]

55. Les fruits. Les noix

fruit (m)	**fruit**	[fru:t]
pomme (f)	**apple**	['æpəl]
poire (f)	**pear**	[peə(r)]
citron (m)	**lemon**	['lemən]
orange (f)	**orange**	['ɒrɪndʒ]
fraise (f)	**strawberry**	['strɔ:bərɪ]
mandarine (f)	**mandarin**	['mændərɪn]
prune (f)	**plum**	[plʌm]
pêche (f)	**peach**	[pi:tʃ]
abricot (m)	**apricot**	['eɪprɪkɒt]
framboise (f)	**raspberry**	['rɑ:zbərɪ]
ananas (m)	**pineapple**	['paɪnˌæpəl]
banane (f)	**banana**	[bə'nɑ:nə]
pastèque (f)	**watermelon**	['wɔ:təˌmelən]
raisin (m)	**grape**	[greɪp]
cerise (f)	**sour cherry**	['saʊə 'tʃerɪ]
merise (f)	**sweet cherry**	[swi:t 'tʃerɪ]
melon (m)	**melon**	['melən]
pamplemousse (m)	**grapefruit**	['greɪpfru:t]
avocat (m)	**avocado**	[ˌævə'kɑ:dəʊ]
papaye (f)	**papaya**	[pə'paɪə]
mangue (f)	**mango**	['mæŋgəʊ]
grenade (f)	**pomegranate**	['pɒmɪˌgrænɪt]
groseille (f) rouge	**redcurrant**	['redkʌrənt]
cassis (m)	**blackcurrant**	[ˌblæk'kʌrənt]

groseille (f) verte	gooseberry	['guzbərı]
myrtille (f)	bilberry	['bɪlbərı]
mûre (f)	blackberry	['blækbərı]

raisin (m) sec	raisin	['reızən]
figue (f)	fig	[fɪg]
datte (f)	date	[deɪt]

cacahuète (f)	peanut	['piːnʌt]
amande (f)	almond	['ɑːmənd]
noix (f)	walnut	['wɔːlnʌt]
noisette (f)	hazelnut	['heɪzəlnʌt]
noix (f) de coco	coconut	['kəʊkənʌt]
pistaches (f pl)	pistachios	[pɪˈstɑːʃɪəʊs]

56. Le pain. Les confiseries

confiserie (f)	confectionery	[kənˈfekʃənərı]
pain (m)	bread	[bred]
biscuit (m)	cookies	['kʊkɪz]

chocolat (m)	chocolate	['tʃɒkələt]
en chocolat (adj)	chocolate	['tʃɒkələt]
bonbon (m)	candy	['kændı]
gâteau (m), pâtisserie (f)	cake	[keɪk]
tarte (f)	cake	[keɪk]

| gâteau (m) | pie | [paɪ] |
| garniture (f) | filling | ['fɪlɪŋ] |

confiture (f)	jam	[dʒæm]
marmelade (f)	marmalade	['mɑːməleɪd]
gaufre (f)	waffles	['wɒfəlz]
glace (f)	ice-cream	[aɪs kriːm]
pudding (m)	pudding	['pʊdɪŋ]

57. Les épices

sel (m)	salt	[sɔːlt]
salé (adj)	salty	['sɔːltı]
saler (vt)	to salt (vt)	[tə sɔːlt]

poivre (m) noir	black pepper	[blæk 'pepə(r)]
poivre (m) rouge	red pepper	[red 'pepə(r)]
moutarde (f)	mustard	['mʌstəd]
raifort (m)	horseradish	['hɔːsˌrædıʃ]
condiment (m)	condiment	['kɒndɪmənt]
épice (f)	spice	[spaɪs]

sauce (f)	**sauce**	[sɔːs]
vinaigre (m)	**vinegar**	['vɪnɪgə(r)]
anis (m)	**anise**	['ænɪs]
basilic (m)	**basil**	['beɪzəl]
clou (m) de girofle	**cloves**	[kləʊvz]
gingembre (m)	**ginger**	['dʒɪndʒə(r)]
coriandre (m)	**coriander**	[ˌkɒrɪ'ændə(r)]
cannelle (f)	**cinnamon**	['sɪnəmən]
sésame (m)	**sesame**	['sesəmɪ]
feuille (f) de laurier	**bay leaf**	[beɪ liːf]
paprika (m)	**paprika**	['pæprɪkə]
cumin (m)	**caraway**	['kærəweɪ]
safran (m)	**saffron**	['sæfrən]

T&P BOOKS

LES DONNÉES PERSONNELLES. LA FAMILLE

T&P Books Publishing

58. Les données personnelles. Les formulaires

prénom (m)	**name, first name**	[neɪm], ['fɜːstˌneɪm]
nom (m) de famille	**surname, last name**	['sɜːneɪm], [lɑːst neɪm]
date (f) de naissance	**date of birth**	[deɪt əv bɜːθ]
lieu (m) de naissance	**place of birth**	[ˌpleɪs əv 'bɜːθ]
nationalité (f)	**nationality**	[ˌnæʃə'næləti]
domicile (m)	**place of residence**	[ˌpleɪs əv 'rezɪdəns]
pays (m)	**country**	['kʌntri]
profession (f)	**profession**	[prə'feʃən]
sexe (m)	**gender, sex**	['dʒendə(r)], [seks]
taille (f)	**height**	[haɪt]
poids (m)	**weight**	[weɪt]

59. La famille. Les liens de parenté

mère (f)	**mother**	['mʌðə(r)]
père (m)	**father**	['fɑːðə(r)]
fils (m)	**son**	[sʌn]
fille (f)	**daughter**	['dɔːtə(r)]
fille (f) cadette	**younger daughter**	[jʌŋgə 'dɔːtə(r)]
fils (m) cadet	**younger son**	[jʌŋgə 'sʌn]
fille (f) aînée	**eldest daughter**	['eldɪst 'dɔːtə(r)]
fils (m) aîné	**eldest son**	['eldɪst sʌn]
frère (m)	**brother**	['brʌðə(r)]
sœur (f)	**sister**	['sɪstə(r)]
cousin (m)	**cousin**	['kʌzən]
cousine (f)	**cousin**	['kʌzən]
maman (f)	**mom, mommy**	[mɒm], ['mɒmi]
papa (m)	**dad, daddy**	[dæd], ['dædi]
parents (m pl)	**parents**	['peərənts]
enfant (m, f)	**child**	[tʃaɪld]
enfants (pl)	**children**	['tʃɪldrən]
grand-mère (f)	**grandmother**	['grænˌmʌðə(r)]
grand-père (m)	**grandfather**	['grændˌfɑːðə(r)]
petit-fils (m)	**grandson**	['grænsʌn]
petite-fille (f)	**granddaughter**	['grænˌdɔːtə(r)]
petits-enfants (pl)	**grandchildren**	['grænˌtʃɪldrən]

oncle (m)	uncle	['ʌŋkəl]
tante (f)	aunt	[ɑːnt]
neveu (m)	nephew	['nefjuː]
nièce (f)	niece	[niːs]

belle-mère (f)	mother-in-law	['mʌðər ɪn 'lɔː]
beau-père (m)	father-in-law	['fɑːðə ɪn ˌlɔː]
gendre (m)	son-in-law	['sʌn ɪn ˌlɔː]
belle-mère (f)	stepmother	['step ˌmʌðə(r)]
beau-père (m)	stepfather	['step ˌfɑːðə(r)]

nourrisson (m)	infant	['ɪnfənt]
bébé (m)	baby	['beɪbɪ]
petit (m)	little boy	['lɪtəl ˌbɔɪ]

| femme (f) | wife | [waɪf] |
| mari (m) | husband | ['hʌzbənd] |

marié (adj)	married	['mærɪd]
mariée (adj)	married	['mærɪd]
célibataire (adj)	single	['sɪŋgəl]
célibataire (m)	bachelor	['bætʃələ(r)]
divorcé (adj)	divorced	[dɪ'vɔːst]
veuve (f)	widow	['wɪdəʊ]
veuf (m)	widower	['wɪdəʊə(r)]

parent (m)	relative	['relətɪv]
parent (m) proche	close relative	[ˌkləʊs 'relətɪv]
parent (m) éloigné	distant relative	['dɪstənt 'relətɪv]
parents (m pl)	relatives	['relətɪvz]

orphelin (m), orpheline (f)	orphan	['ɔːfən]
tuteur (m)	guardian	['gɑːdjən]
adopter (un garçon)	to adopt (vt)	[tə ə'dɒpt]
adopter (une fille)	to adopt (vt)	[tə ə'dɒpt]

60. Les amis. Les collègues

ami (m)	friend	[frend]
amie (f)	friend, girlfriend	[frend], ['gɜːlfrend]
amitié (f)	friendship	['frendʃɪp]
être ami	to be friends	[tə bi frendz]

copain (m)	buddy	['bʌdɪ]
copine (f)	buddy	['bʌdɪ]
partenaire (m)	partner	['pɑːtnə(r)]

chef (m)	chief	[tʃiːf]
supérieur (m)	boss, superior	[bɒs], [suː'pɪərɪə(r)]
subordonné (m)	subordinate	[sə'bɔːdɪnət]

collègue (m, f)	**colleague**	['kɒli:g]
connaissance (f)	**acquaintance**	[ə'kweintəns]
compagnon (m) de route	**fellow traveler**	['feləʊ 'trævələ(r)]
copain (m) de classe	**classmate**	['klɑ:smeit]
voisin (m)	**neighbor**	['neibə(r)]
voisine (f)	**neighbor**	['neibə(r)]
voisins (m pl)	**neighbors**	['neibəz]

LE CORPS HUMAIN.
LES MÉDICAMENTS

T&P Books Publishing

tête (f)	**head**	[hed]
visage (m)	**face**	[feɪs]
nez (m)	**nose**	[nəʊz]
bouche (f)	**mouth**	[maʊθ]
œil (m)	**eye**	[aɪ]
les yeux	**eyes**	[aɪz]
pupille (f)	**pupil**	['pju:pəl]
sourcil (m)	**eyebrow**	['aɪbraʊ]
cil (m)	**eyelash**	['aɪlæʃ]
paupière (f)	**eyelid**	['aɪlɪd]
langue (f)	**tongue**	[tʌŋ]
dent (f)	**tooth**	[tu:θ]
lèvres (f pl)	**lips**	[lɪps]
pommettes (f pl)	**cheekbones**	['tʃi:kbəʊnz]
gencive (f)	**gum**	[gʌm]
palais (m)	**palate**	['pælət]
narines (f pl)	**nostrils**	['nɒstrɪlz]
menton (m)	**chin**	[tʃɪn]
mâchoire (f)	**jaw**	[dʒɔ:]
joue (f)	**cheek**	[tʃi:k]
front (m)	**forehead**	['fɔ:hed]
tempe (f)	**temple**	['tempəl]
oreille (f)	**ear**	[ɪə(r)]
nuque (f)	**back of the head**	['bæk əv ðə ˌhed]
cou (m)	**neck**	[nek]
gorge (f)	**throat**	[θrəʊt]
cheveux (m pl)	**hair**	[heə(r)]
coiffure (f)	**hairstyle**	['heəstaɪl]
coupe (f)	**haircut**	['heəkʌt]
perruque (f)	**wig**	[wɪg]
moustache (f)	**mustache**	['mʌstæʃ]
barbe (f)	**beard**	[bɪəd]
porter (~ la barbe)	**to have** (vt)	[tə hæv]
tresse (f)	**braid**	[breɪd]
favoris (m pl)	**sideburns**	['saɪdbɜ:nz]
roux (adj)	**red-haired**	['red ˌheəd]
gris, grisonnant (adj)	**gray**	[greɪ]

| chauve (adj) | bald | [bɔːld] |
| calvitie (f) | bald patch | [bɔːld pætʃ] |

| queue (f) de cheval | ponytail | ['pəʊniteɪl] |
| frange (f) | bangs | [bæŋz] |

62. Le corps humain

| main (f) | hand | [hænd] |
| bras (m) | arm | [ɑːm] |

| doigt (m) | finger | ['fɪŋgə(r)] |
| pouce (m) | thumb | [θʌm] |

| petit doigt (m) | little finger | [ˌlɪtəl 'fɪŋgə(r)] |
| ongle (m) | nail | [neɪl] |

poing (m)	fist	[fɪst]
paume (f)	palm	[pɑːm]
poignet (m)	wrist	[rɪst]
avant-bras (m)	forearm	['fɔːrˌɑːm]

| coude (m) | elbow | ['elbəʊ] |
| épaule (f) | shoulder | ['ʃəʊldə(r)] |

jambe (f)	leg	[leg]
pied (m)	foot	[fʊt]
genou (m)	knee	[niː]
mollet (m)	calf	[kɑːf]

| hanche (f) | hip | [hɪp] |
| talon (m) | heel | [hiːl] |

corps (m)	body	['bɒdɪ]
ventre (m)	stomach	['stʌmək]
poitrine (f)	chest	[tʃest]
sein (m)	breast	[brest]
côté (m)	flank	[flæŋk]
dos (m)	back	[bæk]

| reins (région lombaire) | lower back | ['ləʊə bæk] |
| taille (f) (~ de guêpe) | waist | [weɪst] |

nombril (m)	navel, belly button	['neɪvəl], ['belɪ 'bʌtən]
fesses (f pl)	buttocks	['bʌtəks]
derrière (m)	bottom	['bɒtəm]

grain (m) de beauté	beauty mark	['bjuːtɪ mɑːk]
tatouage (m)	tattoo	[tə'tuː]
cicatrice (f)	scar	[skɑː(r)]

63. Les maladies

maladie (f)	sickness	['sıknıs]
être malade	to be sick	[tə bi 'sık]
santé (f)	health	[helθ]
rhume (m) (coryza)	runny nose	[ˌrʌnı 'nəʊz]
angine (f)	tonsillitis	[ˌtɒnsı'laıtıs]
refroidissement (m)	cold	[kəʊld]
prendre froid	to catch a cold	[tə kætʃ ə 'kəʊld]
bronchite (f)	bronchitis	[brɒŋ'kaıtıs]
pneumonie (f)	pneumonia	[nju:'məʊnıə]
grippe (f)	flu	[flu:]
myope (adj)	nearsighted	[ˌnıə'saıtıd]
presbyte (adj)	farsighted	['fɑː ˌsaıtıd]
strabisme (m)	strabismus	[strə'bızməs]
strabique (adj)	cross-eyed	[krɒs 'aıd]
cataracte (f)	cataract	['kætərækt]
glaucome (m)	glaucoma	[glɔː'kəʊmə]
insulte (f)	stroke	[strəʊk]
crise (f) cardiaque	heart attack	['hɑːt əˌtæk]
infarctus (m) de myocarde	myocardial infarction	[ˌmaıəʊ'kɑːdıəl ın'fɑːkʃən]
paralysie (f)	paralysis	[pə'rælısıs]
paralyser (vt)	to paralyze (vt)	[tə 'pærəlaız]
allergie (f)	allergy	['ælədʒı]
asthme (m)	asthma	['æsmə]
diabète (m)	diabetes	[ˌdaıə'biːtiːz]
mal (m) de dents	toothache	['tuːθeık]
carie (f)	caries	['keəriːz]
diarrhée (f)	diarrhea	[ˌdaıə'rıə]
constipation (f)	constipation	[ˌkɒnstı'peıʃən]
estomac (m) barbouillé	stomach upset	['stʌmək 'ʌpset]
intoxication (f) alimentaire	food poisoning	[fuːd 'pɔızənıŋ]
arthrite (f)	arthritis	[ɑː'θraıtıs]
rachitisme (m)	rickets	['rıkıts]
rhumatisme (m)	rheumatism	['ruːmətızəm]
athérosclérose (f)	atherosclerosis	[ˌæθərəʊsklı'rəʊsıs]
gastrite (f)	gastritis	[gæs'traıtıs]
appendicite (f)	appendicitis	[əˌpendı'saıtıs]
cholécystite (f)	cholecystitis	[ˌkɒlısıs'taıtıs]
ulcère (m)	ulcer	['ʌlsə(r)]
rougeole (f)	measles	['miːzəlz]
rubéole (f)	rubella	[ruː'belə]

jaunisse (f)	jaundice	['dʒɔːndɪs]
hépatite (f)	hepatitis	[ˌhepə'taɪtɪs]
schizophrénie (f)	schizophrenia	[ˌskɪtsə'friːnɪə]
rage (f) (hydrophobie)	rabies	['reɪbiːz]
névrose (f)	neurosis	[ˌnjʊə'rəʊsɪs]
commotion (f) cérébrale	concussion	[kən'kʌʃən]
cancer (m)	cancer	['kænsə(r)]
sclérose (f)	sclerosis	[sklə'rəʊsɪs]
sclérose (f) en plaques	multiple sclerosis	['mʌltɪpəl sklə'rəʊsɪs]
alcoolisme (m)	alcoholism	['ælkəhɒlɪzəm]
alcoolique (m)	alcoholic	[ˌælkə'hɒlɪk]
syphilis (f)	syphilis	['sɪfɪlɪs]
SIDA (m)	AIDS	[eɪdz]
tumeur (f)	tumor	['tjuːmə(r)]
fièvre (f)	fever	['fiːvə(r)]
malaria (f)	malaria	[mə'leərɪə]
gangrène (f)	gangrene	['gæŋgriːn]
mal (m) de mer	seasickness	['siːsɪknɪs]
épilepsie (f)	epilepsy	['epɪlepsɪ]
épidémie (f)	epidemic	[ˌepɪ'demɪk]
typhus (m)	typhus	['taɪfəs]
tuberculose (f)	tuberculosis	[tjuːˌbɜːkjʊ'ləʊsɪs]
choléra (m)	cholera	['kɒlərə]
peste (f)	plague	[pleɪg]

64. Les symptômes. Le traitement. Partie 1

symptôme (m)	symptom	['sɪmptəm]
température (f)	temperature	['temprətʃə(r)]
fièvre (f)	high temperature, fever	[haɪ 'temprətʃə(r)], ['fiːvə(r)]
pouls (m)	pulse	[pʌls]
vertige (m)	dizziness	['dɪzɪnɪs]
chaud (adj)	hot	[hɒt]
frisson (m)	shivering	['ʃɪvərɪŋ]
pâle (adj)	pale	[peɪl]
toux (f)	cough	[kɒf]
tousser (vi)	to cough (vi)	[tə kɒf]
éternuer (vi)	to sneeze (vi)	[tə sniːz]
évanouissement (m)	faint	[feɪnt]
s'évanouir (vp)	to faint (vi)	[tə feɪnt]
bleu (m)	bruise	[bruːz]
bosse (f)	bump	[bʌmp]

se heurter (vp)	to bang (vi)	[tə bæŋ]
meurtrissure (f)	bruise	[bru:z]
se faire mal	to get a bruise	[tə get ə bru:z]

boiter (vi)	to limp (vi)	[tə lɪmp]
foulure (f)	dislocation	[ˌdɪslə'keɪʃən]
se démettre (l'épaule, etc.)	to dislocate (vt)	[tə 'dɪsləkeɪt]
fracture (f)	fracture	['fræktʃə(r)]
avoir une fracture	to have a fracture	[tə hæv ə 'fræktʃə(r)]

coupure (f)	cut	[kʌt]
se couper (~ le doigt)	to cut oneself	[tə kʌt wʌn'self]
hémorragie (f)	bleeding	['bli:dɪŋ]

| brûlure (f) | burn | [bɜ:n] |
| se brûler (vp) | to get burned | [tə get 'bɜ:nd] |

se piquer (le doigt)	to prick (vt)	[tə prɪk]
se piquer (vp)	to prick oneself	[tə prɪk wʌn'self]
blesser (vt)	to injure (vt)	[tə 'ɪndʒə(r)]
blessure (f)	injury	['ɪndʒərɪ]
plaie (f) (blessure)	wound	[wu:nd]
trauma (m)	trauma	['traʊmə]

délirer (vi)	to be delirious	[tə bi dɪ'lɪrɪəs]
bégayer (vi)	to stutter (vi)	[tə 'stʌtə(r)]
insolation (f)	sunstroke	['sʌnstrəʊk]

65. Les symptômes. Le traitement. Partie 2

| douleur (f) | pain | [peɪn] |
| écharde (f) | splinter | ['splɪntə(r)] |

sueur (f)	sweat	[swet]
suer (vi)	to sweat (vi)	[tə swet]
vomissement (m)	vomiting	['vɒmɪtɪŋ]
spasmes (m pl)	convulsions	[kən'vʌlʃənz]

enceinte (adj)	pregnant	['pregnənt]
naître (vi)	to be born	[tə bi bɔ:n]
accouchement (m)	delivery, labor	[dɪ'lɪvərɪ], ['leɪbə(r)]
accoucher (vi)	to deliver (vt)	[tə dɪ'lɪvə(r)]
avortement (m)	abortion	[ə'bɔ:ʃən]

respiration (f)	breathing, respiration	['bri:ðɪŋ], [ˌrespə'reɪʃən]
inhalation (f)	in-breath, inhalation	['ɪnbreθ], [ˌɪnhə'leɪʃən]
expiration (f)	out-breath, exhalation	['aʊtbreθ], [ˌeksə'leɪʃən]
expirer (vi)	to exhale (vi)	[tə eks'heɪl]
inspirer (vi)	to inhale (vi)	[tə ɪn'heɪl]
invalide (m)	disabled person	[dɪs'eɪbəld 'pɜ:sən]

| handicapé (m) | cripple | ['krɪpəl] |
| drogué (m) | drug addict | ['drʌg,ædɪkt] |

sourd (adj)	deaf	[def]
muet (adj)	mute	[mju:t]
sourd-muet (adj)	deaf mute	[def mju:t]

fou (adj)	mad, insane	[mæd], [ɪn'seɪn]
fou (m)	madman	['mædmən]
folle (f)	madwoman	['mæd,wʊmən]
devenir fou	to go insane	[tə gəʊ ɪn'seɪn]

gène (m)	gene	[dʒi:n]
immunité (f)	immunity	[ɪ'mju:nətɪ]
héréditaire (adj)	hereditary	[hɪ'redɪtərɪ]
congénital (adj)	congenital	[kən'dʒenɪtəl]

virus (m)	virus	['vaɪrəs]
microbe (m)	microbe	['maɪkrəʊb]
bactérie (f)	bacterium	[bæk'tɪərɪəm]
infection (f)	infection	[ɪn'fekʃən]

66. Les symptômes. Le traitement. Partie 3

| hôpital (m) | hospital | ['hɒspɪtəl] |
| patient (m) | patient | ['peɪʃənt] |

diagnostic (m)	diagnosis	[,daɪəg'nəʊsɪs]
cure (f) (faire une ~)	cure	[kjʊə]
traitement (m)	treatment	['tri:tmənt]
se faire soigner	to get treatment	[tə get 'tri:tmənt]
traiter (un patient)	to treat (vt)	[tə tri:t]
soigner (un malade)	to nurse (vt)	[tə nɜ:s]
soins (m pl)	care	[keə(r)]

opération (f)	operation, surgery	[,ɒpə'reɪʃən], ['sɜ:dʒərɪ]
panser (vt)	to bandage (vt)	[tə 'bændɪdʒ]
pansement (m)	bandaging	['bændɪdʒɪŋ]

vaccination (f)	vaccination	[,væksɪ'neɪʃən]
vacciner (vt)	to vaccinate (vt)	[tə 'væksɪneɪt]
piqûre (f)	injection, shot	[ɪn'dʒekʃən], [ʃɒt]
faire une piqûre	to give an injection	[tə,gɪv ən ɪn'dʒekʃən]

crise, attaque (f)	attack	[ə'tæk]
amputation (f)	amputation	[,æmpjʊ'teɪʃən]
amputer (vt)	to amputate (vt)	[tə 'æmpjʊteɪt]
coma (m)	coma	['kəʊmə]
être dans le coma	to be in a coma	[tə bi ɪn ə 'kəʊmə]
réanimation (f)	intensive care	[ɪn'tensɪv ,keə(r)]

se rétablir (vp)	to recover (vi)	[tə rɪ'kʌvə(r)]
état (m) (de santé)	condition	[kən'dɪʃən]
conscience (f)	consciousness	['kɒnʃəsnɪs]
mémoire (f)	memory	['memərɪ]

arracher (une dent)	to pull out	[tə ˌpʊl 'aʊt]
plombage (m)	filling	['fɪlɪŋ]
plomber (vt)	to fill (vt)	[tə fɪl]

| hypnose (f) | hypnosis | [hɪp'nəʊsɪs] |
| hypnotiser (vt) | to hypnotize (vt) | [tə 'hɪpnətaɪz] |

67. Les médicaments. Les accessoires

médicament (m)	medicine, drug	['medsɪn], [drʌg]
remède (m)	remedy	['remədɪ]
prescrire (vt)	to prescribe (vt)	[tə prɪ'skraɪb]
ordonnance (f)	prescription	[prɪ'skrɪpʃən]

comprimé (m)	tablet, pill	['tæblɪt], [pɪl]
onguent (m)	ointment	['ɔɪntmənt]
ampoule (f)	ampule	['æmpuːl]
mixture (f)	mixture	['mɪkstʃə(r)]
sirop (m)	syrup	['sɪrəp]
pilule (f)	pill	[pɪl]
poudre (f)	powder	['paʊdə(r)]

bande (f)	bandage	['bændɪdʒ]
coton (m) (ouate)	cotton wool	['kɒtən ˌwʊl]
iode (m)	iodine	['aɪədaɪn]

sparadrap (m)	Band-Aid	['bændˌeɪd]
compte-gouttes (m)	eyedropper	[aɪ 'drɒpə(r)]
thermomètre (m)	thermometer	[θə'mɒmɪtə(r)]
seringue (f)	syringe	[sɪ'rɪndʒ]

| fauteuil (m) roulant | wheelchair | ['wiːlˌtʃeə(r)] |
| béquilles (f pl) | crutches | [krʌtʃɪz] |

anesthésique (m)	painkiller	['peɪnˌkɪlə(r)]
purgatif (m)	laxative	['læksətɪv]
alcool (m)	spirits (ethanol)	['spɪrɪts], ['eθənɒl]
herbe (f) médicinale	medicinal herbs	[mə'dɪsɪnəl ɜːrbz]
d'herbes (adj)	herbal	['ɜːrbəl]

L'APPARTEMENT

T&P Books Publishing

appartement (m)	apartment	[əˈpɑːtmənt]
chambre (f)	room	[rʊːm]
chambre (f) à coucher	bedroom	[ˈbedrʊm]
salle (f) à manger	dining room	[ˈdaɪnɪŋ rʊm]
salon (m)	living room	[ˈlɪvɪŋ ruːm]
bureau (m)	study	[ˈstʌdɪ]

antichambre (f)	entry room	[ˈentrɪ ruːm]
salle (f) de bains	bathroom	[ˈbɑːθrʊm]
toilettes (f pl)	half bath	[hɑːf bɑːθ]

plafond (m)	ceiling	[ˈsiːlɪŋ]
plancher (m)	floor	[flɔː(r)]
coin (m)	corner	[ˈkɔːnə(r)]

meubles (m pl)	furniture	[ˈfɜːnɪtʃə(r)]
table (f)	table	[ˈteɪbəl]
chaise (f)	chair	[tʃeə(r)]
lit (m)	bed	[bed]
canapé (m)	couch, sofa	[kaʊtʃ], [ˈsəʊfə]
fauteuil (m)	armchair	[ˈɑːmtʃeə(r)]

bibliothèque (f) (meuble)	bookcase	[ˈbʊkkeɪs]
rayon (m)	shelf	[ʃelf]
étagère (f)	shelving unit	[ˈʃelvɪŋ ˈjuːnɪt]

armoire (f)	wardrobe	[ˈwɔːdrəʊb]
patère (f)	coat rack	[ˈkəʊt ˌræk]
portemanteau (m)	coat stand	[ˈkəʊt stænd]

| commode (f) | bureau, dresser | [ˈbjʊərəʊ], [ˈdresə(r)] |
| table (f) basse | coffee table | [ˈkɒfɪ ˈteɪbəl] |

miroir (m)	mirror	[ˈmɪrə(r)]
tapis (m)	carpet	[ˈkɑːpɪt]
petit tapis (m)	rug, small carpet	[rʌg], [smɔːl ˈkɑːpɪt]

cheminée (f)	fireplace	[ˈfaɪəpleɪs]
bougie (f)	candle	[ˈkændəl]
chandelier (m)	candlestick	[ˈkændəlstɪk]

rideaux (m pl)	drapes	[dreɪps]
papier (m) peint	wallpaper	['wɔːl‚peɪpə(r)]
jalousie (f)	blinds	[blaɪndz]

lampe (f) de table	table lamp	['teɪbəl læmp]
lampadaire (m)	floor lamp	[flɔː læmp]
lustre (m)	chandelier	[‚ʃændə'lɪə(r)]

pied (m) (~ de la table)	leg	[leg]
accoudoir (m)	armrest	['ɑːmrest]
dossier (m)	back	[bæk]
tiroir (m)	drawer	[drɔː(r)]

70. La literie

linge (m) de lit	bedclothes	['bedkləʊðz]
oreiller (m)	pillow	['pɪləʊ]
taie (f) d'oreiller	pillowcase	['pɪləʊkeɪs]
couverture (f)	duvet, comforter	['duːveɪ], ['kʌmfətə(r)]
drap (m)	sheet	[ʃiːt]
couvre-lit (m)	bedspread	['bedspred]

71. La cuisine

cuisine (f)	kitchen	['kɪtʃɪn]
gaz (m)	gas	[gæs]
cuisinière (f) à gaz	gas stove	['gæs stəʊv]
cuisinière (f) électrique	electric stove	[ɪ'lektrɪk stəʊv]
four (m)	oven	['ʌvən]
four (m) micro-ondes	microwave oven	['maɪkrəweɪv 'ʌvən]

réfrigérateur (m)	fridge	[frɪdʒ]
congélateur (m)	freezer	['friːzə(r)]
lave-vaisselle (m)	dishwasher	['dɪʃ‚wɒʃə(r)]

hachoir (m) à viande	meat grinder	[miːt 'graɪndə(r)]
centrifugeuse (f)	juicer	['dʒuːsə]
grille-pain (m)	toaster	['təʊstə(r)]
batteur (m)	mixer	['mɪksə(r)]

machine (f) à café	coffee machine	['kɒfɪ mə'ʃiːn]
cafetière (f)	coffee pot	['kɒfɪ pɒt]
moulin (m) à café	coffee grinder	['kɒfɪ 'graɪndə(r)]

bouilloire (f)	kettle	['ketəl]
théière (f)	teapot	['tiːpɒt]
couvercle (m)	lid	[lɪd]
passoire (f) à thé	tea strainer	[tiː 'streɪnə(r)]

cuillère (f)	spoon	[spu:n]
petite cuillère (f)	teaspoon	['ti:spu:n]
cuillère (f) à soupe	soup spoon	[su:p spu:n]
fourchette (f)	fork	[fɔ:k]
couteau (m)	knife	[naɪf]

vaisselle (f)	tableware	['teɪbəlweə(r)]
assiette (f)	plate	[pleɪt]
soucoupe (f)	saucer	['sɔ:sə(r)]

verre (m) à shot	shot glass	[ʃɒt glɑ:s]
verre (m) (~ d'eau)	glass	[glɑ:s]
tasse (f)	cup	[kʌp]

sucrier (m)	sugar bowl	['ʃʊgə ˌbəʊl]
salière (f)	salt shaker	[sɒlt 'ʃeɪkə]
poivrière (f)	pepper shaker	['pepə 'ʃeɪkə]
beurrier (m)	butter dish	['bʌtə dɪʃ]

casserole (f)	stock pot	[stɒk pɒt]
poêle (f)	frying pan	['fraɪɪŋ pæn]
louche (f)	ladle	['leɪdəl]
passoire (f)	colander	['kʌləndə(r)]
plateau (m)	tray	[treɪ]

bouteille (f)	bottle	['bɒtəl]
bocal (m) (à conserves)	jar	[dʒɑ:(r)]
boîte (f) en fer-blanc	can	[kæn]

ouvre-bouteille (m)	bottle opener	['bɒtəl 'əʊpənə(r)]
ouvre-boîte (m)	can opener	[kæn 'əʊpənə(r)]
tire-bouchon (m)	corkscrew	['kɔ:kskru:]
filtre (m)	filter	['fɪltə(r)]
filtrer (vt)	to filter (vt)	[tə 'fɪltə(r)]

| ordures (f pl) | trash | [træʃ] |
| poubelle (f) | trash can | ['træʃkæn] |

72. La salle de bains

salle (f) de bains	bathroom	['bɑ:θrʊm]
eau (f)	water	['wɔ:tə(r)]
robinet (m)	faucet	['fɔ:sɪt]
eau (f) chaude	hot water	[hɒt 'wɔ:tə(r)]
eau (f) froide	cold water	[ˌkəʊld 'wɔ:tə(r)]

dentifrice (m)	toothpaste	['tu:θpeɪst]
se brosser les dents	to brush one's teeth	[tə brʌʃ wʌns 'ti:θ]
se raser (vp)	to shave (vi)	[tə ʃeɪv]
mousse (f) à raser	shaving foam	['ʃeɪvɪŋ fəʊm]

rasoir (m)	razor	['reɪzə(r)]
laver (vt)	to wash (vt)	[tə wɒʃ]
se laver (vp)	to take a bath	[tə teɪk ə bɑ:θ]
douche (f)	shower	['ʃaʊə(r)]
prendre une douche	to take a shower	[tə teɪk ə 'ʃaʊə(r)]

baignoire (f)	bathtub	['bɑ:θtʌb]
cuvette (f)	toilet	['tɔɪlɪt]
lavabo (m)	sink, washbasin	[sɪŋk], ['wɒʃˌbeɪsən]

| savon (m) | soap | [səʊp] |
| porte-savon (m) | soap dish | ['səʊpdɪʃ] |

éponge (f)	sponge	[spʌndʒ]
shampooing (m)	shampoo	[ʃæm'pu:]
serviette (f)	towel	['taʊəl]
peignoir (m) de bain	bathrobe	['bɑ:θrəʊb]

lessive (f) (faire la ~)	laundry	['lɔːndrɪ]
machine (f) à laver	washing machine	['wɒʃɪŋ mə'ʃiːn]
faire la lessive	to do the laundry	[tə du: ðə 'lɔːndrɪ]
lessive (f) (poudre)	laundry detergent	['lɔːndrɪ dɪ'tɜːdʒənt]

73. Les appareils électroménagers

téléviseur (m)	TV set	[ˌtiː'viː set]
magnétophone (m)	tape recorder	[teɪp rɪ'kɔːdə(r)]
magnétoscope (m)	video, VCR	['vɪdɪəʊ], [ˌviːsiː'ɑː(r)]
radio (f)	radio	['reɪdɪəʊ]
lecteur (m)	player	['pleɪə(r)]

vidéoprojecteur (m)	video projector	['vɪdɪəʊ prə'dʒektə(r)]
home cinéma (m)	home movie theater	[həʊm 'muːvɪ 'θɪətə(r)]
lecteur DVD (m)	DVD player	[ˌdiːviː'diː 'pleɪə(r)]
amplificateur (m)	amplifier	['æmplɪfaɪə]
console (f) de jeux	video game console	['vɪdɪəʊ geɪm 'kɒnsəʊl]

caméscope (m)	video camera	['vɪdɪəʊ 'kæmərə]
appareil (m) photo	camera	['kæmərə]
appareil (m) photo numérique	digital camera	['dɪdʒɪtəl 'kæmərə]

aspirateur (m)	vacuum cleaner	['vækjʊəm 'kliːnə(r)]
fer (m) à repasser	iron	['aɪrən]
planche (f) à repasser	ironing board	['aɪrənɪŋ bɔːd]

téléphone (m)	telephone	['telɪfəʊn]
portable (m)	mobile phone	['məʊbaɪl fəʊn]
machine (f) à écrire	typewriter	['taɪpˌraɪtə(r)]
machine (f) à coudre	sewing machine	['səʊɪŋ mə'ʃiːn]

micro (m)	**microphone**	['maɪkrəfəʊn]
écouteurs (m pl)	**headphones**	['hedfəʊnz]
télécommande (f)	**remote control**	[rɪ'məʊt kən'trəʊl]

CD (m)	**CD, compact disc**	[ˌsiː'diː], [kəm'pækt dɪsk]
cassette (f)	**cassette**	[kæ'set]
disque (m) (vinyle)	**vinyl record**	['vaɪnɪl 'rekɔːd]

LA TERRE. LE TEMPS

T&P Books Publishing

cosmos (m)	space	['speɪs]
cosmique (adj)	space	['speɪs]
espace (m) cosmique	outer space	['aʊtə speɪs]
monde (m)	world	[wɜːld]
univers (m)	universe	['juːnɪvɜːs]
galaxie (f)	galaxy	['gæləksɪ]
étoile (f)	star	[stɑː(r)]
constellation (f)	constellation	[ˌkɒnstə'leɪʃən]
planète (f)	planet	['plænɪt]
satellite (m)	satellite	['sætəlaɪt]
météorite (m)	meteorite	['miːtjəraɪt]
comète (f)	comet	['kɒmɪt]
astéroïde (m)	asteroid	['æstərɔɪd]
orbite (f)	orbit	['ɔːbɪt]
tourner (vi)	to rotate (vi)	[tə rəʊ'teɪt]
atmosphère (f)	atmosphere	['ætməˌsfɪə(r)]
Soleil (m)	the Sun	[ðə sʌn]
système (m) solaire	solar system	['səʊlə 'sɪstəm]
éclipse (f) de soleil	solar eclipse	['səʊlə ɪ'klɪps]
Terre (f)	the Earth	[ðɪ ɜːθ]
Lune (f)	the Moon	[ðə muːn]
Mars (m)	Mars	[mɑːz]
Vénus (f)	Venus	['viːnəs]
Jupiter (m)	Jupiter	['dʒuːpɪtə(r)]
Saturne (m)	Saturn	['sætən]
Mercure (m)	Mercury	['mɜːkjʊrɪ]
Uranus (m)	Uranus	['jʊərənəs]
Neptune	Neptune	['neptjuːn]
Pluton (m)	Pluto	['pluːtəʊ]
la Voie Lactée	Milky Way	['mɪlkɪ weɪ]
la Grande Ours	Great Bear	[greɪt beə(r)]
la Polaire	North Star	[nɔːθ stɑː(r)]
martien (m)	Martian	['mɑːʃən]
extraterrestre (m)	extraterrestrial	[ˌekstrətə'restrɪəl]
alien (m)	alien	['eɪljən]

soucoupe (f) volante	flying saucer	['flaɪɪŋ 'sɔ:sə(r)]
vaisseau (m) spatial	spaceship	['speɪsʃɪp]
station (f) orbitale	space station	[speɪs 'steɪʃən]
lancement (m)	blast-off	[blɑ:st ɒf]
moteur (m)	engine	['endʒɪn]
tuyère (f)	nozzle	['nɒzəl]
carburant (m)	fuel	[fjʊəl]
cabine (f)	cockpit	['kɒkpɪt]
antenne (f)	antenna	[æn'tenə]
hublot (m)	porthole	['pɔ:thəʊl]
batterie (f) solaire	solar panel	['səʊlə 'pænəl]
scaphandre (m)	spacesuit	['speɪssu:t]
apesanteur (f)	weightlessness	['weɪtlɪsnɪs]
oxygène (m)	oxygen	['ɒksɪdʒən]
arrimage (m)	docking	['dɒkɪŋ]
s'arrimer à …	to dock (vi, vt)	[tə dɒk]
observatoire (m)	observatory	[əb'zɜ:vətrɪ]
télescope (m)	telescope	['telɪskəʊp]
observer (vt)	to observe (vt)	[tə əb'zɜ:v]
explorer (un cosmos)	to explore (vt)	[tə ɪk'splɔ:(r)]

75. La Terre

Terre (f)	the Earth	[ðɪ ɜ:θ]
globe (m) terrestre	the globe	[ðɪ gləʊb]
planète (f)	planet	['plænɪt]
atmosphère (f)	atmosphere	['ætmə‚sfɪə(r)]
géographie (f)	geography	[dʒɪ'ɒgrəfɪ]
nature (f)	nature	['neɪtʃə(r)]
globe (m) de table	globe	[gləʊb]
carte (f)	map	[mæp]
atlas (m)	atlas	['ætləs]
Europe (f)	Europe	['jʊərəp]
Asie (f)	Asia	['eɪʒə]
Afrique (f)	Africa	['æfrɪkə]
Australie (f)	Australia	[ɒ'streɪljə]
Amérique (f)	America	[ə'merɪkə]
Amérique (f) du Nord	North America	[nɔ:θ ə'merɪkə]
Amérique (f) du Sud	South America	[saʊθ ə'merɪkə]
l'Antarctique (m)	Antarctica	[ænt'ɑ:ktɪkə]
l'Arctique (m)	the Arctic	[ðə 'ɑ:ktɪk]

76. Les quatre parties du monde

nord (m)	**north**	[nɔːθ]
vers le nord	**to the north**	[tə ðə nɔːθ]
au nord	**in the north**	[ɪn ðə nɔːθ]
du nord (adj)	**northern**	['nɔːðən]
sud (m)	**south**	[saʊθ]
vers le sud	**to the south**	[tə ðə saʊθ]
au sud	**in the south**	[ɪn ðə saʊθ]
du sud (adj)	**southern**	['sʌðən]
ouest (m)	**west**	[west]
vers l'occident	**to the west**	[tə ðə west]
à l'occident	**in the west**	[ɪn ðə west]
occidental (adj)	**western**	['westən]
est (m)	**east**	[iːst]
vers l'orient	**to the east**	[tə ðɪ iːst]
à l'orient	**in the east**	[ɪn ðɪ iːst]
oriental (adj)	**eastern**	['iːstən]

77. Les océans et les mers

mer (f)	**sea**	[siː]
océan (m)	**ocean**	['əʊʃən]
golfe (m)	**gulf**	[gʌlf]
détroit (m)	**straits**	[streɪts]
terre (f) ferme	**land**	[lænd]
continent (m)	**continent**	['kɒntɪnənt]
île (f)	**island**	['aɪlənd]
presqu'île (f)	**peninsula**	[pə'nɪnsjʊlə]
archipel (m)	**archipelago**	[ˌɑːkɪ'pelɪgəʊ]
baie (f)	**bay**	[beɪ]
port (m)	**harbor**	['hɑːbə(r)]
lagune (f)	**lagoon**	[lə'guːn]
cap (m)	**cape**	[keɪp]
atoll (m)	**atoll**	['ætɒl]
récif (m)	**reef**	[riːf]
corail (m)	**coral**	['kɒrəl]
récif (m) de corail	**coral reef**	['kɒrəl riːf]
profond (adj)	**deep**	[diːp]
profondeur (f)	**depth**	[depθ]
abîme (m)	**abyss**	[ə'bɪs]
fosse (f) océanique	**trench**	[trentʃ]

| courant (m) | current | ['kʌrənt] |
| baigner (vt) (mer) | to surround (vt) | [tə sə'raʊnd] |

| littoral (m) | shore | [ʃɔ:(r)] |
| côte (f) | coast | [kəʊst] |

marée (f) haute	flow	[fləʊ]
marée (f) basse	ebb	[eb]
banc (m) de sable	shoal	[ʃəʊl]
fond (m)	bottom	['bɒtəm]

vague (f)	wave	[weɪv]
crête (f) de la vague	crest	[krest]
mousse (f)	foam, spume	[fəʊm], [spju:m]

tempête (f) en mer	storm	[stɔ:m]
ouragan (m)	hurricane	['hʌrɪkən]
tsunami (m)	tsunami	[tsu:'nɑ:mɪ]
calme (m)	calm	[kɑ:m]
calme (tranquille)	quiet, calm	['kwaɪət], [kɑ:m]

| pôle (m) | pole | [pəʊl] |
| polaire (adj) | polar | ['pəʊlə(r)] |

latitude (f)	latitude	['lætɪtju:d]
longitude (f)	longitude	['lɒndʒɪtju:d]
parallèle (f)	parallel	['pærəlel]
équateur (m)	equator	[ɪ'kweɪtə(r)]

ciel (m)	sky	[skaɪ]
horizon (m)	horizon	[hə'raɪzən]
air (m)	air	[eə]

phare (m)	lighthouse	['laɪthaʊs]
plonger (vi)	to dive (vi)	[tə daɪv]
sombrer (vi)	to sink (vi)	[tə sɪŋk]
trésor (m)	treasures	['treʒəz]

78. Les noms des mers et des océans

océan (m) Atlantique	Atlantic Ocean	[ət'læntɪk 'əʊʃən]
océan (m) Indien	Indian Ocean	['ɪndɪən 'əʊʃən]
océan (m) Pacifique	Pacific Ocean	[pə'sɪfɪk 'əʊʃən]
océan (m) Glacial	Arctic Ocean	['ɑrktɪk 'əʊʃən]

mer (f) Noire	Black Sea	[blæk si:]
mer (f) Rouge	Red Sea	[red si:]
mer (f) Jaune	Yellow Sea	[jeləʊ 'si:]
mer (f) Blanche	White Sea	[waɪt si:]
mer (f) Caspienne	Caspian Sea	['kæspɪən si:]

mer (f) Morte	Dead Sea	[ˌded 'siː]
mer (f) Méditerranée	Mediterranean Sea	[ˌmedɪtə'reɪnɪən siː]
mer (f) Égée	Aegean Sea	[iː'dʒiːən siː]
mer (f) Adriatique	Adriatic Sea	[ˌeɪdrɪ'ætɪk siː]
mer (f) Arabique	Arabian Sea	[ə'reɪbɪən siː]
mer (f) du Japon	Sea of Japan	['siː əv dʒə'pæn]
mer (f) de Béring	Bering Sea	['berɪŋ siː]
mer (f) de Chine Méridionale	South China Sea	[saʊθ 'tʃaɪnə siː]
mer (f) de Corail	Coral Sea	['kɒrəl siː]
mer (f) de Tasman	Tasman Sea	['tæzmən siː]
mer (f) Caraïbe	Caribbean Sea	['kæ'rɪbɪən siː]
mer (f) de Barents	Barents Sea	['bærənts siː]
mer (f) de Kara	Kara Sea	['kɑːrə siː]
mer (f) du Nord	North Sea	[nɔːθ siː]
mer (f) Baltique	Baltic Sea	['bɔːltɪk siː]
mer (f) de Norvège	Norwegian Sea	[nɔː'wiːdʒən siː]

79. Les montagnes

montagne (f)	mountain	['maʊntɪn]
chaîne (f) de montagnes	mountain range	['maʊntɪn reɪndʒ]
crête (f)	mountain ridge	['maʊntɪn rɪdʒ]
sommet (m)	summit, top	['sʌmɪt], [tɒp]
pic (m)	peak	[piːk]
pied (m)	foot	[fʊt]
pente (f)	slope	[sləʊp]
volcan (m)	volcano	[vɒl'kenəʊ]
volcan (m) actif	active volcano	['æktɪv vɒl'kenəʊ]
volcan (m) éteint	dormant volcano	['dɔːmənt vɒl'kenəʊ]
éruption (f)	eruption	[ɪ'rʌpʃən]
cratère (m)	crater	['kreɪtə(r)]
magma (m)	magma	['mægmə]
lave (f)	lava	['lɑːvə]
en fusion (lave ~)	molten	['məʊltən]
canyon (m)	canyon	['kænjən]
défilé (m) (gorge)	gorge	[gɔːdʒ]
crevasse (f)	crevice	['krevɪs]
précipice (m)	abyss	[ə'bɪs]
col (m) de montagne	pass, col	[pɑːs], [kɒl]
plateau (m)	plateau	['plætəʊ]

| rocher (m) | cliff | [klɪf] |
| colline (f) | hill | [hɪl] |

glacier (m)	glacier	['gleɪʃə(r)]
chute (f) d'eau	waterfall	['wɔːtəfɔːl]
geyser (m)	geyser	['gaɪzə(r)]
lac (m)	lake	[leɪk]

plaine (f)	plain	[pleɪn]
paysage (m)	landscape	['lændskeɪp]
écho (m)	echo	['ekəʊ]

alpiniste (m)	alpinist	['ælpɪnɪst]
varappeur (m)	rock climber	[rɒk 'klaɪmə(r)]
conquérir (vt)	conquer (vt)	['kɒŋkə(r)]
ascension (f)	climb	[klaɪm]

80. Les noms des chaînes de montagne

Alpes (f pl)	The Alps	[ðɪ ælps]
Mont Blanc (m)	Mont Blanc	[ˌmɔ̃'blɑ̃]
Pyrénées (f pl)	The Pyrenees	[ðɪ ˌpɪrə'niːz]

Carpates (f pl)	The Carpathians	[ðɪ kɑː'peɪθɪənz]
Monts Oural (m pl)	The Ural Mountains	[ðɪ 'jʊərəl 'maʊntɪnz]
Caucase (m)	The Caucasus Mountains	[ðɪ 'kɔːkəsəs 'maʊntɪnz]
Elbrous (m)	Mount Elbrus	['maʊnt ˌelbə'ruːs]

Altaï (m)	The Altai Mountains	[ðɪ ˌɑːl'taɪ 'maʊntɪnz]
Tian Chan (m)	The Tian Shan	[ðɪ tjɛn'ʃaːn]
Pamir (m)	The Pamir Mountains	[ðɪ pə'mɪə 'maʊntɪnz]
Himalaya (m)	The Himalayas	[ðɪ ˌhɪmə'leɪəz]
Everest (m)	Mount Everest	['maʊnt 'evərɪst]

| Andes (f pl) | The Andes | [ðɪ 'ændiːz] |
| Kilimandjaro (m) | Mount Kilimanjaro | ['maʊnt ˌkɪlɪmən'dʒɑːrəʊ] |

81. Les fleuves

rivière (f), fleuve (m)	river	['rɪvə(r)]
source (f)	spring	[sprɪŋ]
lit (m) (d'une rivière)	riverbed	['rɪvəbed]
bassin (m)	basin	['beɪsən]
se jeter dans ...	to flow into ...	[tə fləʊ 'ɪntʊ]

| affluent (m) | tributary | ['trɪbjʊtrɪ] |
| rive (f) | bank | [bæŋk] |

courant (m)	current, stream	['kʌrənt], [stri:m]
en aval	downstream	['daʊnˌstri:m]
en amont	upstream	[ˌʌp'stri:m]

inondation (f)	inundation	[ˌɪnʌn'deɪʃən]
les grandes crues	flooding	['flʌdɪŋ]
déborder (vi)	to overflow (vi)	[tə ˌəʊvə'fləʊ]
inonder (vi)	to flood (vt)	[tə flʌd]

| bas-fond (m) | shallow | ['ʃæləʊ] |
| rapide (m) | rapids | ['ræpɪdz] |

barrage (m)	dam	[dæm]
canal (m)	canal	[kə'næl]
lac (m) de barrage	reservoir	['rezəvwɑ:(r)]
écluse (f)	sluice, lock	[slu:s], [lɒk]

plan (m) d'eau	water body	['wɔ:tə 'bɒdɪ]
marais (m)	swamp	[swɒmp]
fondrière (f)	bog, marsh	[bɒg], [mɑ:ʃ]
tourbillon (m)	whirlpool	['wɜ:lpu:l]

ruisseau (m)	stream	[stri:m]
potable (adj)	drinking	['drɪŋkɪŋ]
douce (l'eau ~)	fresh	[freʃ]

| glace (f) | ice | [aɪs] |
| être gelé | to freeze over | [tə fri:z 'əʊvə(r)] |

82. Les noms des fleuves

| Seine (f) | Seine | [seɪn] |
| Loire (f) | Loire | [lwɑ:r] |

Tamise (f)	Thames	[temz]
Rhin (m)	Rhine	[raɪn]
Danube (m)	Danube	['dænju:b]

Volga (f)	Volga	['vɒlgə]
Don (m)	Don	[dɒn]
Lena (f)	Lena	['leɪnə]

Huang He (m)	Yellow River	[ˌjeləʊ 'rɪvə(r)]
Yangzi Jiang (m)	Yangtze	['jæŋtsɪ]
Mékong (m)	Mekong	['mi:kɒŋ]
Gange (m)	Ganges	['gændʒi:z]

Nil (m)	Nile River	[naɪl 'rɪvə(r)]
Congo (m)	Congo	['kɒŋgəʊ]
Okavango (m)	Okavango	[ˌɒkə'væŋgəʊ]

| Zambèze (m) | Zambezi | [zæm'bi:zɪ] |
| Limpopo (m) | Limpopo | [lɪm'pəupəu] |

83. La forêt

| forêt (f) | forest, wood | ['fɒrɪst], [wʊd] |
| forestier (adj) | forest | ['fɒrɪst] |

fourré (m)	thick forest	[θɪk 'fɒrɪst]
bosquet (m)	grove	[grəʊv]
clairière (f)	clearing	['klɪərɪŋ]

| broussailles (f pl) | thicket | ['θɪkɪt] |
| taillis (m) | scrubland | ['skrʌblænd] |

| sentier (m) | footpath | ['fʊtpɑ:θ] |
| ravin (m) | gully | ['gʌlɪ] |

arbre (m)	tree	[tri:]
feuille (f)	leaf	[li:f]
feuillage (m)	leaves	[li:vz]

chute (f) de feuilles	fall of leaves	[fɔ:l əv li:vz]
tomber (feuilles)	to fall (vi)	[tə fɔ:l]
sommet (m)	top	[tɒp]

rameau (m)	branch	[brɑ:ntʃ]
branche (f)	bough	[baʊ]
bourgeon (m)	bud	[bʌd]
aiguille (f)	needle	['ni:dəl]
pomme (f) de pin	pine cone	[paɪn kəʊn]

creux (m)	hollow	['hɒləʊ]
nid (m)	nest	[nest]
terrier (m) (~ d'un renard)	burrow, animal hole	['bʌrəʊ], ['ænɪməl həʊl]

tronc (m)	trunk	[trʌŋk]
racine (f)	root	[ru:t]
écorce (f)	bark	[bɑ:k]
mousse (f)	moss	[mɒs]

déraciner (vt)	to uproot (vt)	[tə ˌʌp'ru:t]
abattre (un arbre)	to chop down	[tə tʃɒp daʊn]
déboiser (vt)	to deforest (vt)	[tə ˌdi:'fɒrɪst]
souche (f)	tree stump	[tri: stʌmp]

feu (m) de bois	campfire	['kæmpˌfaɪə(r)]
incendie (m)	forest fire	['fɒrɪst 'faɪə(r)]
éteindre (feu)	to extinguish (vt)	[tə ɪk'stɪŋgwɪʃ]
garde (m) forestier	forest ranger	['fɒrɪst 'reɪndʒə]

protection (f)	protection	[prə'tekʃən]
protéger (vt)	to protect (vt)	[tə prə'tekt]
braconnier (m)	poacher	['pəʊtʃə(r)]
piège (m) à mâchoires	steel trap	[sti:l træp]

| cueillir (vt) | to gather, to pick (vt) | [tə 'gæðə(r)], [tə pɪk] |
| s'égarer (vp) | to lose one's way | [tə lu:z wʌnz weɪ] |

84. Les ressources naturelles

ressources (f pl) naturelles	natural resources	['nætʃərəl rɪ'sɔ:sɪz]
minéraux (m pl)	minerals	['mɪnərəlz]
gisement (m)	deposits	[dɪ'pɒzɪts]
champ (m) (~ pétrolifère)	field	[fi:ld]

extraire (vt)	to mine (vt)	[tə maɪn]
extraction (f)	mining	['maɪnɪŋ]
minerai (m)	ore	[ɔ:(r)]
mine (f) (site)	mine	[maɪn]
puits (m) de mine	shaft	[ʃɑ:ft]
mineur (m)	miner	['maɪnə(r)]

| gaz (m) | gas | [gæs] |
| gazoduc (m) | gas pipeline | [gæs 'paɪplaɪn] |

pétrole (m)	oil, petroleum	[ɔɪl], [pɪ'trəʊlɪəm]
pipeline (m)	oil pipeline	[ɔɪl 'paɪplaɪn]
tour (f) de forage	oil well	[ɔɪl wel]
derrick (m)	derrick	['derɪk]
pétrolier (m)	tanker	['tæŋkə(r)]

sable (m)	sand	[sænd]
calcaire (m)	limestone	['laɪmstəʊn]
gravier (m)	gravel	['grævəl]
tourbe (f)	peat	[pi:t]
argile (f)	clay	[kleɪ]
charbon (m)	coal	[kəʊl]

fer (m)	iron	['aɪrən]
or (m)	gold	[gəʊld]
argent (m)	silver	['sɪlvə(r)]
nickel (m)	nickel	['nɪkəl]
cuivre (m)	copper	['kɒpə(r)]

zinc (m)	zinc	[zɪŋk]
manganèse (m)	manganese	['mæŋgəni:z]
mercure (m)	mercury	['mɜ:kjʊrɪ]
plomb (m)	lead	[led]
minéral (m)	mineral	['mɪnərəl]
cristal (m)	crystal	['krɪstəl]

| marbre (m) | **marble** | ['mɑːbəl] |
| uranium (m) | **uranium** | [jʊ'reɪnjəm] |

85. Le temps

temps (m)	**weather**	['weðə(r)]
météo (f)	**weather forecast**	['weðə 'fɔːkɑːst]
température (f)	**temperature**	['temprətʃə(r)]
thermomètre (m)	**thermometer**	[θə'mɒmɪtə(r)]
baromètre (m)	**barometer**	[bə'rɒmɪtə(r)]

humide (adj)	**humid**	['hjuːmɪd]
humidité (f)	**humidity**	[hju:'mɪdətɪ]
chaleur (f) (canicule)	**heat**	[hiːt]
torride (adj)	**hot, torrid**	[hɒt], ['tɒrɪd]
il fait très chaud	**it's hot**	[ɪts hɒt]

| il fait chaud | **it's warm** | [ɪts wɔːm] |
| chaud (modérément) | **warm** | [wɔːm] |

| il fait froid | **it's cold** | [ɪts kəʊld] |
| froid (adj) | **cold** | [kəʊld] |

soleil (m)	**sun**	[sʌn]
briller (soleil)	**to shine** (vi)	[tə ʃaɪn]
ensoleillé (jour ~)	**sunny**	['sʌnɪ]
se lever (vp)	**to come up** (vi)	[tə kʌm ʌp]
se coucher (vp)	**to set** (vi)	[tə set]

nuage (m)	**cloud**	[klaʊd]
nuageux (adj)	**cloudy**	['klaʊdɪ]
nuée (f)	**rain cloud**	[reɪn klaʊd]
sombre (adj)	**somber**	['sɒmbə(r)]

pluie (f)	**rain**	[reɪn]
il pleut	**it's raining**	[ɪts 'reɪnɪŋ]
pluvieux (adj)	**rainy**	['reɪnɪ]
bruiner (v imp)	**to drizzle** (vi)	[tə 'drɪzəl]

pluie (f) torrentielle	**pouring rain**	['pɔːrɪŋ reɪn]
averse (f)	**downpour**	['daʊnpɔː(r)]
forte (la pluie ~)	**heavy**	['hevɪ]

| flaque (f) | **puddle** | ['pʌdəl] |
| se faire mouiller | **to get wet** | [tə get wet] |

brouillard (m)	**fog, mist**	[fɒg], [mɪst]
brumeux (adj)	**foggy**	['fɒgɪ]
neige (f)	**snow**	[snəʊ]
il neige	**it's snowing**	[ɪts snəʊɪŋ]

86. Les intempéries. Les catastrophes naturelles

orage (m)	thunderstorm	['θʌndəstɔːm]
éclair (m)	lightning	['laɪtnɪŋ]
éclater (foudre)	to flash (vi)	[tə flæʃ]
tonnerre (m)	thunder	['θʌndə(r)]
gronder (tonnerre)	to thunder (vi)	[tə 'θʌndə(r)]
le tonnerre gronde	it's thundering	[ɪts 'θʌndərɪŋ]
grêle (f)	hail	[heɪl]
il grêle	it's hailing	[ɪts heɪlɪŋ]
inonder (vt)	to flood (vt)	[tə flʌd]
inondation (f)	flood	[flʌd]
tremblement (m) de terre	earthquake	['ɜːθkweɪk]
secousse (f)	tremor, quake	['tremə(r)], [kweɪk]
épicentre (m)	epicenter	['epɪsentə(r)]
éruption (f)	eruption	[ɪ'rʌpʃən]
lave (f)	lava	['lɑːvə]
tourbillon (m)	twister	['twɪstə(r)]
tornade (f)	tornado	[tɔːˈneɪdəʊ]
typhon (m)	typhoon	[taɪˈfuːn]
ouragan (m)	hurricane	['hʌrɪkən]
tempête (f)	storm	[stɔːm]
tsunami (m)	tsunami	[tsuːˈnɑːmɪ]
cyclone (m)	cyclone	['saɪkləʊn]
intempéries (f pl)	bad weather	[bæd 'weðə(r)]
incendie (m)	fire	['faɪə(r)]
catastrophe (f)	disaster	[dɪ'zɑːstə(r)]
météorite (m)	meteorite	['miːtjəraɪt]
avalanche (f)	avalanche	['ævəlɑːnʃ]
éboulement (m)	snowslide	['snəʊslaɪd]
blizzard (m)	blizzard	['blɪzəd]
tempête (f) de neige	snowstorm	['snəʊstɔːm]

LA FAUNE

T&P Books Publishing

87. Les mammifères. Les prédateurs

prédateur (m)	predator	['predətə(r)]
tigre (m)	tiger	['taɪgə(r)]
lion (m)	lion	['laɪən]
loup (m)	wolf	[wʊlf]
renard (m)	fox	[fɒks]

jaguar (m)	jaguar	['dʒægjʊə(r)]
léopard (m)	leopard	['lepəd]
guépard (m)	cheetah	['tʃiːtə]

panthère (f)	black panther	[blæk 'pænθə(r)]
puma (m)	puma	['pjuːmə]
léopard (m) de neiges	snow leopard	[snəʊ 'lepəd]
lynx (m)	lynx	[lɪnks]

coyote (m)	coyote	[kɔɪ'əʊtɪ]
chacal (m)	jackal	['dʒækəl]
hyène (f)	hyena	[haɪ'iːnə]

88. Les animaux sauvages

| animal (m) | animal | ['ænɪməl] |
| bête (f) | beast | [biːst] |

écureuil (m)	squirrel	['skwɜːrəl]
hérisson (m)	hedgehog	['hedʒhɒg]
lièvre (m)	hare	[heə(r)]
lapin (m)	rabbit	['ræbɪt]

blaireau (m)	badger	['bædʒə(r)]
raton (m)	raccoon	[rə'kuːn]
hamster (m)	hamster	['hæmstə(r)]
marmotte (f)	marmot	['mɑːmət]

taupe (f)	mole	[məʊl]
souris (f)	mouse	[maʊs]
rat (m)	rat	[ræt]
chauve-souris (f)	bat	[bæt]

hermine (f)	ermine	['ɜːmɪn]
zibeline (f)	sable	['seɪbəl]
martre (f)	marten	['mɑːtɪn]

| belette (f) | weasel | ['wɪːzəl] |
| vison (m) | mink | [mɪŋk] |

| castor (m) | beaver | ['biːvə(r)] |
| loutre (f) | otter | ['ɒtə(r)] |

cheval (m)	horse	[hɔːs]
élan (m)	moose	[muːs]
cerf (m)	deer	[dɪə(r)]
chameau (m)	camel	['kæməl]

bison (m)	bison	['baɪsən]
aurochs (m)	aurochs	['ɔːrɒks]
buffle (m)	buffalo	['bʌfələʊ]

zèbre (m)	zebra	['ziːbrə]
antilope (f)	antelope	['æntɪləʊp]
chevreuil (m)	roe deer	[rəʊ dɪə(r)]
biche (f)	fallow deer	['fæləʊ dɪə(r)]
chamois (m)	chamois	['ʃæmwɑː]
sanglier (m)	wild boar	[ˌwaɪld 'bɔː(r)]

baleine (f)	whale	[weɪl]
phoque (m)	seal	[siːl]
morse (m)	walrus	['wɔːlrəs]
ours (m) de mer	fur seal	['fɜːˌsiːl]
dauphin (m)	dolphin	['dɒlfɪn]

ours (m)	bear	[beə]
ours (m) blanc	polar bear	['pəʊlə ˌbeə(r)]
panda (m)	panda	['pændə]

singe (m)	monkey	['mʌŋkɪ]
chimpanzé (m)	chimpanzee	[ˌtʃɪmpæn'ziː]
orang-outang (m)	orangutan	[ɔˌræŋuː'tæn]
gorille (m)	gorilla	[gə'rɪlə]
macaque (m)	macaque	[mə'kɑːk]
gibbon (m)	gibbon	['gɪbən]

| éléphant (m) | elephant | ['elɪfənt] |
| rhinocéros (m) | rhinoceros | [raɪ'nɒsərəs] |

| girafe (f) | giraffe | [dʒɪ'rɑːf] |
| hippopotame (m) | hippopotamus | [ˌhɪpə'pɒtəməs] |

| kangourou (m) | kangaroo | [ˌkæŋgə'ruː] |
| koala (m) | koala | [kəʊ'ɑːlə] |

mangouste (f)	mongoose	['mɒŋguːs]
chinchilla (m)	chinchilla	[ˌtʃɪn'tʃɪlə]
mouffette (f)	skunk	[skʌŋk]
porc-épic (m)	porcupine	['pɔːkjʊpaɪn]

89. Les animaux domestiques

chat (m) (femelle)	cat	[kæt]
chat (m) (mâle)	tomcat	['tɒmkæt]
chien (m)	dog	[dɒg]
cheval (m)	horse	[hɔːs]
étalon (m)	stallion	['stælɪən]
jument (f)	mare	[meə(r)]
vache (f)	cow	[kaʊ]
taureau (m)	bull	[bʊl]
bœuf (m)	ox	[ɒks]
brebis (f)	sheep	[ʃiːp]
mouton (m)	ram	[ræm]
chèvre (f)	goat	[gəʊt]
bouc (m)	he-goat	['hiː gəʊt]
âne (m)	donkey	['dɒŋkɪ]
mulet (m)	mule	[mjuːl]
cochon (m)	pig, hog	[pɪg], [hɒg]
pourceau (m)	piglet	['pɪglɪt]
lapin (m)	rabbit	['ræbɪt]
poule (f)	hen	[hen]
coq (m)	rooster	['ruːstə(r)]
canard (m)	duck	[dʌk]
canard (m) mâle	drake	[dreɪk]
oie (f)	goose	[guːs]
dindon (m)	tom turkey, gobbler	[tɒm 'tɜːkɪ], ['gɒblə(r)]
dinde (f)	turkey	['tɜːkɪ]
animaux (m pl) domestiques	domestic animals	[də'mestɪk 'ænɪməlz]
apprivoisé (adj)	tame	[teɪm]
apprivoiser (vt)	to tame (vt)	[tə teɪm]
élever (vt)	to breed (vt)	[tə briːd]
ferme (f)	farm	[fɑːm]
volaille (f)	poultry	['pəʊltrɪ]
bétail (m)	cattle	['kætəl]
troupeau (m)	herd	[hɜːd]
écurie (f)	stable	['steɪbəl]
porcherie (f)	pigsty	['pɪgstaɪ]
vacherie (f)	cowshed	['kaʊʃed]
cabane (f) à lapins	rabbit hutch	['ræbɪt ˌhʌtʃ]
poulailler (m)	hen house	['henˌhaʊs]

90. Les oiseaux

oiseau (m)	bird	[bɜːd]
pigeon (m)	pigeon	['pɪdʒɪn]
moineau (m)	sparrow	['spærəʊ]
mésange (f)	tit	[tɪt]
pie (f)	magpie	['mægpaɪ]
corbeau (m)	raven	['reɪvən]
corneille (f)	crow	[krəʊ]
choucas (m)	jackdaw	['dʒækdɔː]
freux (m)	rook	[rʊk]
canard (m)	duck	[dʌk]
oie (f)	goose	[guːs]
faisan (m)	pheasant	['fezənt]
aigle (m)	eagle	['iːgəl]
épervier (m)	hawk	[hɔːk]
faucon (m)	falcon	['fɔːlkən]
vautour (m)	vulture	['vʌltʃə]
condor (m)	condor	['kɒndɔː(r)]
cygne (m)	swan	[swɒn]
grue (f)	crane	[kreɪn]
cigogne (f)	stork	[stɔːk]
perroquet (m)	parrot	['pærət]
colibri (m)	hummingbird	['hʌmɪŋˌbɜːd]
paon (m)	peacock	['piːkɒk]
autruche (f)	ostrich	['ɒstrɪtʃ]
héron (m)	heron	['herən]
flamant (m)	flamingo	[fləˈmɪŋgəʊ]
pélican (m)	pelican	['pelɪkən]
rossignol (m)	nightingale	['naɪtɪŋgeɪl]
hirondelle (f)	swallow	['swɒləʊ]
merle (m)	thrush	[θrʌʃ]
grive (f)	song thrush	[sɒŋ θrʌʃ]
merle (m) noir	blackbird	['blækˌbɜːd]
martinet (m)	swift	[swɪft]
alouette (f) des champs	lark	[lɑːk]
caille (f)	quail	[kweɪl]
pivert (m)	woodpecker	['wʊdˌpekə(r)]
coucou (m)	cuckoo	['kʊkuː]
chouette (f)	owl	[aʊl]
hibou (m)	eagle owl	['iːgəl aʊl]

tétras (m)	**wood grouse**	[wʊd graʊs]
tétras-lyre (m)	**black grouse**	[blæk graʊs]
perdrix (f)	**partridge**	['pɑːtrɪdʒ]

étourneau (m)	**starling**	['stɑːlɪŋ]
canari (m)	**canary**	[kə'neərɪ]
gélinotte (f) des bois	**hazel grouse**	['heɪzəl graʊs]
pinson (m)	**chaffinch**	['tʃæfɪntʃ]
bouvreuil (m)	**bullfinch**	['bʊlfɪntʃ]

mouette (f)	**seagull**	['siːgʌl]
albatros (m)	**albatross**	['ælbətrɒs]
pingouin (m)	**penguin**	['peŋgwɪn]

91. Les poissons. Les animaux marins

brème (f)	**bream**	[briːm]
carpe (f)	**carp**	[kɑːp]
perche (f)	**perch**	[pɜːtʃ]
silure (m)	**catfish**	['kætfɪʃ]
brochet (m)	**pike**	[paɪk]

saumon (m)	**salmon**	['sæmən]
esturgeon (m)	**sturgeon**	['stɜːdʒən]

hareng (m)	**herring**	['herɪŋ]
saumon (m) atlantique	**Atlantic salmon**	[ət'læntɪk 'sæmən]
maquereau (m)	**mackerel**	['mækərəl]
flet (m)	**flatfish**	['flætfɪʃ]

sandre (f)	**pike perch**	[paɪk pɜːtʃ]
morue (f)	**cod**	[kɒd]
thon (m)	**tuna**	['tuːnə]
truite (f)	**trout**	[traʊt]

anguille (f)	**eel**	[iːl]
torpille (f)	**electric ray**	[ɪ'lektrɪk reɪ]
murène (f)	**moray eel**	['mɒreɪ iːl]
piranha (m)	**piranha**	[pɪ'rɑːnə]

requin (m)	**shark**	[ʃɑːk]
dauphin (m)	**dolphin**	['dɒlfɪn]
baleine (f)	**whale**	[weɪl]

crabe (m)	**crab**	[kræb]
méduse (f)	**jellyfish**	['dʒelɪfɪʃ]
pieuvre (f), poulpe (m)	**octopus**	['ɒktəpəs]

étoile (f) de mer	**starfish**	['stɑːfɪʃ]
oursin (m)	**sea urchin**	[siː 'ɜːtʃɪn]

hippocampe (m)	seahorse	['si:hɔ:s]
huître (f)	oyster	['ɔɪstə(r)]
crevette (f)	shrimp	[ʃrɪmp]
homard (m)	lobster	['lɒbstə(r)]
langoustine (f)	spiny lobster	['spaɪnɪ 'lɒbstə(r)]

92. Les amphibiens. Les reptiles

serpent (m)	snake	[sneɪk]
venimeux (adj)	venomous	['venəməs]
vipère (f)	viper	['vaɪpə(r)]
cobra (m)	cobra	['kəʊbrə]
python (m)	python	['paɪθən]
boa (m)	boa	['bəʊə]
couleuvre (f)	grass snake	['grɑ:s͵sneɪk]
serpent (m) à sonnettes	rattle snake	['rætəl sneɪk]
anaconda (m)	anaconda	[ænə'kɒndə]
lézard (m)	lizard	['lɪzəd]
iguane (m)	iguana	[ɪ'gwɑ:nə]
varan (m)	monitor lizard	['mɒnɪtə 'lɪzəd]
salamandre (f)	salamander	['sælə͵mændə(r)]
caméléon (m)	chameleon	[kə'mi:lɪən]
scorpion (m)	scorpion	['skɔ:pɪən]
tortue (f)	turtle	['tɜ:təl]
grenouille (f)	frog	[frɒg]
crapaud (m)	toad	[təʊd]
crocodile (m)	crocodile	['krɒkədaɪl]

93. Les insectes

insecte (m)	insect, bug	['ɪnsekt], [bʌg]
papillon (m)	butterfly	['bʌtəflaɪ]
fourmi (f)	ant	[ænt]
mouche (f)	fly	[flaɪ]
moustique (m)	mosquito	[mə'ski:təʊ]
scarabée (m)	beetle	['bi:təl]
guêpe (f)	wasp	[wɒsp]
abeille (f)	bee	[bi:]
bourdon (m)	bumblebee	['bʌmbəlbi:]
œstre (m)	gadfly	['gædflaɪ]
araignée (f)	spider	['spaɪdə(r)]
toile (f) d'araignée	spider's web	['spaɪdəz web]

libellule (f)	**dragonfly**	['drægənflaɪ]
sauterelle (f)	**grasshopper**	['grɑːsˌhɒpə(r)]
papillon (m)	**moth**	[mɒθ]
cafard (m)	**cockroach**	['kɒkrəʊtʃ]
tique (f)	**tick**	[tɪk]
puce (f)	**flea**	[fliː]
moucheron (m)	**midge**	[mɪdʒ]
criquet (m)	**locust**	['ləʊkəst]
escargot (m)	**snail**	[sneɪl]
grillon (m)	**cricket**	['krɪkɪt]
luciole (f)	**lightning bug**	['laɪtnɪŋ bʌg]
coccinelle (f)	**ladybug**	['leɪdɪbʌg]
hanneton (m)	**cockchafer**	['kɒkˌtʃeɪfə(r)]
sangsue (f)	**leech**	[liːtʃ]
chenille (f)	**caterpillar**	['kætəpɪlə(r)]
ver (m)	**earthworm**	['ɜːθwɜːm]
larve (f)	**larva**	['lɑːvə]

LA FLORE

T&P Books Publishing

arbre (m)	tree	[tri:]
à feuilles caduques	deciduous	[dɪ'sɪdjʊəs]
conifère (adj)	coniferous	[kə'nɪfərəs]
à feuilles persistantes	evergreen	['evəgri:n]

pommier (m)	apple tree	['æpəl ˌtri:]
poirier (m)	pear tree	['peə ˌtri:]
merisier (m)	sweet cherry tree	[swi:t 'tʃerɪ tri:]
cerisier (m)	sour cherry tree	['saʊə 'tʃerɪ tri:]
prunier (m)	plum tree	['plʌm tri:]

bouleau (m)	birch	[bɜ:tʃ]
chêne (m)	oak	[əʊk]
tilleul (m)	linden tree	['lɪndən tri:]
tremble (m)	aspen	['æspən]
érable (m)	maple	['meɪpəl]

épicéa (m)	spruce	[spru:s]
pin (m)	pine	[paɪn]
mélèze (m)	larch	[lɑ:tʃ]

| sapin (m) | fir | [fɜ:(r)] |
| cèdre (m) | cedar | ['si:də(r)] |

| peuplier (m) | poplar | ['pɒplə(r)] |
| sorbier (m) | rowan | ['rəʊən] |

| saule (m) | willow | ['wɪləʊ] |
| aune (m) | alder | ['ɔ:ldə(r)] |

| hêtre (m) | beech | [bi:tʃ] |
| orme (m) | elm | [elm] |

| frêne (m) | ash | [æʃ] |
| marronnier (m) | chestnut | ['tʃesnʌt] |

magnolia (m)	magnolia	[mæg'nəʊlɪə]
palmier (m)	palm tree	[pɑ:m tri:]
cyprès (m)	cypress	['saɪprəs]

palétuvier (m)	mangrove	['mæŋgrəʊv]
baobab (m)	baobab	['beɪəʊˌbæb]
eucalyptus (m)	eucalyptus	[ˌju:kə'lɪptəs]
séquoia (m)	sequoia	[sɪ'kwɔɪə]

95. Les arbustes

buisson (m)	**bush**	[bʊʃ]
arbrisseau (m)	**shrub**	[ʃrʌb]
vigne (f)	**grapevine**	['greɪpvaɪn]
vigne (f) (vignoble)	**vineyard**	['vɪnjəd]
framboise (f)	**raspberry bush**	['rɑːzbərɪ bʊʃ]
groseille (f) rouge	**redcurrant bush**	['redkʌrənt bʊʃ]
groseille (f) verte	**gooseberry bush**	['gʊzbərɪ ˌbʊʃ]
acacia (m)	**acacia**	[ə'keɪʃə]
berbéris (m)	**barberry**	['bɑːbərɪ]
jasmin (m)	**jasmine**	['dʒæzmɪn]
genévrier (m)	**juniper**	['dʒuːnɪpə(r)]
rosier (m)	**rosebush**	['rəʊzbʊʃ]
églantier (m)	**dog rose**	['dɒg ˌrəʊz]

96. Les fruits. Les baies

fruit (m)	**fruit**	[fruːt]
fruits (m pl)	**fruits**	[fruːts]
pomme (f)	**apple**	['æpəl]
poire (f)	**pear**	[peə(r)]
prune (f)	**plum**	[plʌm]
fraise (f)	**strawberry**	['strɔːbərɪ]
cerise (f)	**sour cherry**	['saʊə 'tʃerɪ]
merise (f)	**sweet cherry**	[swiːt 'tʃerɪ]
raisin (m)	**grape**	[greɪp]
framboise (f)	**raspberry**	['rɑːzbərɪ]
cassis (m)	**blackcurrant**	[ˌblæk'kʌrənt]
groseille (f) rouge	**redcurrant**	['redkʌrənt]
groseille (f) verte	**gooseberry**	['gʊzbərɪ]
canneberge (f)	**cranberry**	['krænbərɪ]
orange (f)	**orange**	['ɒrɪndʒ]
mandarine (f)	**mandarin**	['mændərɪn]
ananas (m)	**pineapple**	['paɪnˌæpəl]
banane (f)	**banana**	[bə'nɑːnə]
datte (f)	**date**	[deɪt]
citron (m)	**lemon**	['lemən]
abricot (m)	**apricot**	['eɪprɪkɒt]
pêche (f)	**peach**	[piːtʃ]
kiwi (m)	**kiwi**	['kiːwiː]

pamplemousse (m)	grapefruit	['greɪpfruːt]
baie (f)	berry	['berɪ]
baies (f pl)	berries	['berɪːz]
airelle (f) rouge	cowberry	['kaʊberɪ]
fraise (f) des bois	field strawberry	[ˌfiːld 'strɔːberɪ]
myrtille (f)	bilberry	['bɪlberɪ]

97. Les fleurs. Les plantes

fleur (f)	flower	['flaʊə(r)]
bouquet (m)	bouquet	[bʊ'keɪ]
rose (f)	rose	[rəʊz]
tulipe (f)	tulip	['tjuːlɪp]
oeillet (m)	carnation	[kɑ:'neɪʃən]
glaïeul (m)	gladiolus	[ˌglædɪ'əʊləs]
bleuet (m)	cornflower	['kɔ:nflaʊə(r)]
campanule (f)	bluebell	['bluːbel]
dent-de-lion (f)	dandelion	['dændɪlaɪən]
marguerite (f)	camomile	['kæməmaɪl]
aloès (m)	aloe	['æləʊ]
cactus (m)	cactus	['kæktəs]
ficus (m)	rubber plant, ficus	['rʌbə plɑ:nt], ['faɪkəs]
lis (m)	lily	['lɪlɪ]
géranium (m)	geranium	[dʒɪ'reɪnjəm]
jacinthe (f)	hyacinth	['haɪəsɪnθ]
mimosa (m)	mimosa	[mɪ'məʊzə]
jonquille (f)	narcissus	[nɑ:'sɪsəs]
capucine (f)	nasturtium	[nəs'tɜ:ʃəm]
orchidée (f)	orchid	['ɔ:kɪd]
pivoine (f)	peony	['piːənɪ]
violette (f)	violet	['vaɪələt]
pensée (f)	pansy	['pænzɪ]
myosotis (m)	forget-me-not	[fə'get mi ˌnɒt]
pâquerette (f)	daisy	['deɪzɪ]
coquelicot (m)	poppy	['pɒpɪ]
chanvre (m)	hemp	[hemp]
menthe (f)	mint	[mɪnt]
muguet (m)	lily of the valley	['lɪlɪ əv ðə 'vælɪ]
perce-neige (f)	snowdrop	['snəʊdrɒp]
ortie (f)	nettle	['netəl]
oseille (f)	sorrel	['sɒrəl]

nénuphar (m)	water lily	['wɔ:tə 'lɪlɪ]
fougère (f)	fern	[fɜ:n]
lichen (m)	lichen	['laɪkən]

serre (f) tropicale	greenhouse	['gri:haʊs]
gazon (m)	lawn	[lɔ:n]
parterre (m) de fleurs	flowerbed	['flaʊəbed]

plante (f)	plant	[plɑ:nt]
herbe (f)	grass	[grɑ:s]
brin (m) d'herbe	blade of grass	[bleɪd əv grɑ:s]

feuille (f)	leaf	[li:f]
pétale (m)	petal	['petəl]
tige (f)	stem	[stem]
tubercule (m)	tuber	['tju:bə(r)]

| pousse (f) | young plant | [jʌŋ plɑ:nt] |
| épine (f) | thorn | [θɔ:n] |

fleurir (vi)	to blossom (vi)	[tə 'blɒsəm]
se faner (vp)	to fade (vi)	[tə feɪd]
odeur (f)	smell	[smel]
couper (vt)	to cut (vt)	[tə kʌt]
cueillir (fleurs)	to pick (vt)	[tə pɪk]

98. Les céréales

grains (m pl)	grain	[greɪn]
céréales (f pl) (plantes)	cereal crops	['sɪərɪəl krɒps]
épi (m)	ear	[ɪə(r)]

blé (m)	wheat	[wi:t]
seigle (m)	rye	[raɪ]
avoine (f)	oats	[əʊts]
millet (m)	millet	['mɪlɪt]
orge (f)	barley	['bɑ:lɪ]

maïs (m)	corn	[kɔ:n]
riz (m)	rice	[raɪs]
sarrasin (m)	buckwheat	['bʌkwi:t]

pois (m)	pea	[pi:]
haricot (m)	kidney bean	['kɪdnɪ bi:n]
soja (m)	soy	[sɔɪ]
lentille (f)	lentil	['lentɪl]
fèves (f pl)	beans	[bi:nz]

LES PAYS DU MONDE

T&P Books Publishing

Afghanistan (m)	**Afghanistan**	[æf'gænɪˌstæn]
Albanie (f)	**Albania**	[æl'beɪnɪə]
Allemagne (f)	**Germany**	['dʒɜːmənɪ]
Angleterre (f)	**England**	['ɪŋglənd]
Arabie (f) Saoudite	**Saudi Arabia**	['saʊdɪ ə'reɪbɪə]
Argentine (f)	**Argentina**	[ˌɑːdʒən'tiːnə]
Arménie (f)	**Armenia**	[ɑː'miːnɪə]
Australie (f)	**Australia**	[ɒ'streɪljə]
Autriche (f)	**Austria**	['ɒstrɪə]
Azerbaïdjan (m)	**Azerbaijan**	[ˌæzəbaɪ'dʒɑːn]
Bahamas (f pl)	**The Bahamas**	[ðə bə'hɑːməz]
Bangladesh (m)	**Bangladesh**	[ˌbæŋglə'deʃ]
Belgique (f)	**Belgium**	['beldʒəm]
Biélorussie (f)	**Belarus**	[ˌbelə'ruːs]
Bolivie (f)	**Bolivia**	[bə'lɪvɪə]
Bosnie (f)	**Bosnia and Herzegovina**	['bɒznɪə ənd ˌheətsəgə'viːnə]
Brésil (m)	**Brazil**	[brə'zɪl]
Bulgarie (f)	**Bulgaria**	[bʌl'geərɪə]
Cambodge (m)	**Cambodia**	[kæm'bəʊdjə]
Canada (m)	**Canada**	['kænədə]
Chili (m)	**Chile**	['tʃɪlɪ]
Chine (f)	**China**	['tʃaɪnə]
Chypre (m)	**Cyprus**	['saɪprəs]
Colombie (f)	**Colombia**	[kə'lɒmbɪə]
Corée (f) du Nord	**North Korea**	[nɔːθ kə'rɪə]
Corée (f) du Sud	**South Korea**	[saʊθ kə'rɪə]
Croatie (f)	**Croatia**	[krəʊ'eɪʃə]
Cuba (f)	**Cuba**	['kjuːbə]
Danemark (m)	**Denmark**	['denmɑːk]
Écosse (f)	**Scotland**	['skɒtlənd]
Égypte (f)	**Egypt**	['iːdʒɪpt]
Équateur (m)	**Ecuador**	['ekwədɔː(r)]
Espagne (f)	**Spain**	[speɪn]
Estonie (f)	**Estonia**	[e'stəʊnjə]
Les États Unis	**United States of America**	[juː'naɪtɪd steɪts əv ə'merɪkə]
Fédération (f) des Émirats Arabes Unis	**United Arab Emirates**	[juː'naɪtɪd 'ærəb 'emərəts]
Finlande (f)	**Finland**	['fɪnlənd]

France (f)	France	[frɑ:ns]
Géorgie (f)	Georgia	['dʒɔːdʒjə]
Ghana (m)	Ghana	['gɑːnə]
Grande-Bretagne (f)	Great Britain	[greɪt 'brɪtən]
Grèce (f)	Greece	[gri:s]

100. Les pays du monde. Partie 2

| Haïti (m) | Haiti | ['heɪtɪ] |
| Hongrie (f) | Hungary | ['hʌŋgərɪ] |

Inde (f)	India	['ɪndɪə]
Indonésie (f)	Indonesia	[ˌɪndə'ni:zjə]
Iran (m)	Iran	[ɪ'rɑ:n]
Iraq (m)	Iraq	[ɪ'rɑ:k]
Irlande (f)	Ireland	['aɪələnd]
Islande (f)	Iceland	['aɪslənd]
Israël (m)	Israel	['ɪzreɪəl]
Italie (f)	Italy	['ɪtəlɪ]

Jamaïque (f)	Jamaica	[dʒə'meɪkə]
Japon (m)	Japan	[dʒə'pæn]
Jordanie (f)	Jordan	['dʒɔːdən]
Kazakhstan (m)	Kazakhstan	[ˌkæzæk'stɑ:n]
Kenya (m)	Kenya	['kenjə]
Kirghizistan (m)	Kirghizia	[kɜ:'gɪzɪə]
Koweït (m)	Kuwait	[kʊ'weɪt]

Laos (m)	Laos	[laʊs]
Lettonie (f)	Latvia	['lætvɪə]
Liban (m)	Lebanon	['lebənən]
Libye (f)	Libya	['lɪbɪə]
Liechtenstein (m)	Liechtenstein	['lɪktənstaɪn]
Lituanie (f)	Lithuania	[ˌlɪθju'eɪnjə]
Luxembourg (m)	Luxembourg	['lʌksəmbɜ:g]

Macédoine (f)	Macedonia	[ˌmæsɪ'dəʊnɪə]
Madagascar (f)	Madagascar	[ˌmædə'gæskə(r)]
Malaisie (f)	Malaysia	[mə'leɪzɪə]
Malte (f)	Malta	['mɔːltə]
Maroc (m)	Morocco	[mə'rɒkəʊ]
Mexique (m)	Mexico	['meksɪkəʊ]
Moldavie (f)	Moldavia	[mɒl'deɪvɪə]

Monaco (m)	Monaco	['mɒnəkəʊ]
Mongolie (f)	Mongolia	[mɒŋ'gəʊlɪə]
Monténégro (m)	Montenegro	[ˌmɒntɪ'ni:grəʊ]
Myanmar (m)	Myanmar	[ˌmaɪæn'mɑ:(r)]
Namibie (f)	Namibia	[nə'mɪbɪə]
Népal (m)	Nepal	[nɪ'pɔːl]

Norvège (f)	Norway	['nɔːweɪ]
Nouvelle Zélande (f)	New Zealand	[nju: 'ziːlənd]
Ouzbékistan (m)	Uzbekistan	[ʊzˌbekɪˈstɑːn]

101. Les pays du monde. Partie 3

Pakistan (m)	Pakistan	['pækɪstæn]
Palestine (f)	Palestine	['pæləˌstaɪn]
Panamá (m)	Panama	['pænəmɑː]
Paraguay (m)	Paraguay	['pærəgwaɪ]
Pays-Bas (m)	Netherlands	['neðələndz]

Pérou (m)	Peru	[pəˈruː]
Pologne (f)	Poland	['pəʊlənd]
Polynésie (f) Française	French Polynesia	[frentʃ ˌpɒlɪˈniːzjə]
Portugal (m)	Portugal	['pɔːtʃʊgəl]

République (f) Dominicaine	Dominican Republic	[dəˈmɪnɪkən rɪˈpʌblɪk]
République (f) Sud-africaine	South Africa	[saʊθ ˈæfrɪkə]
République (f) Tchèque	Czech Republic	[tʃek rɪˈpʌblɪk]
Roumanie (f)	Romania	[ruːˈmeɪnɪə]
Russie (f)	Russia	['rʌʃə]

Sénégal (m)	Senegal	[ˌsenɪˈgɔːl]
Serbie (f)	Serbia	['sɜːbɪə]
Slovaquie (f)	Slovakia	[sləˈvækɪə]
Slovénie (f)	Slovenia	[sləˈviːnɪə]
Suède (f)	Sweden	['swiːdən]
Suisse (f)	Switzerland	['switsələnd]
Surinam (m)	Suriname	[ˌsʊərɪˈnæm]
Syrie (f)	Syria	['sɪrɪə]

Tadjikistan (m)	Tajikistan	[tɑːˌdʒɪkɪˈstɑːn]
Taïwan (m)	Taiwan	[ˌtaɪˈwɑːn]
Tanzanie (f)	Tanzania	[ˌtænzəˈnɪə]
Tasmanie (f)	Tasmania	[tæzˈmeɪnjə]
Thaïlande (f)	Thailand	['taɪlænd]
Tunisie (f)	Tunisia	[tjuːˈnɪzɪə]
Turkménistan (m)	Turkmenistan	[ˌtɜːkmenɪˈstɑːn]
Turquie (f)	Turkey	['tɜːkɪ]

Ukraine (f)	Ukraine	[juːˈkreɪn]
Uruguay (m)	Uruguay	['jʊərəgwaɪ]
Vatican (m)	Vatican	['vætɪkən]
Venezuela (f)	Venezuela	[ˌvenɪˈzweɪlə]
Vietnam (m)	Vietnam	[ˌvjetˈnɑːm]
Zanzibar (m)	Zanzibar	[ˌzænzɪˈbɑː(r)]

GLOSSAIRE GASTRONOMIQUE

Cette section contient
beaucoup de mots associés
à la nourriture. Ce dictionnaire
vous facilitera la tâche
de comprendre le menu
et de commander le bon plat
au restaurant

T&P Books Publishing

épi (m)	ear	[ɪə(r)]
épice (f)	spice	[spaɪs]
épinard (m)	spinach	['spɪnɪdʒ]
œuf (m)	egg	[eg]
abricot (m)	apricot	['eɪprɪkɒt]
addition (f)	check	[tʃek]
ail (m)	garlic	['gɑ:lɪk]
airelle (f) rouge	cowberry	['kaʊberɪ]
amande (f)	almond	['ɑ:mənd]
amanite (f) tue-mouches	fly agaric	[flaɪ 'ægərɪk]
amer (adj)	bitter	['bɪtə(r)]
ananas (m)	pineapple	['paɪn,æpəl]
anguille (f)	eel	[i:l]
anis (m)	anise	['ænɪs]
apéritif (m)	aperitif	[əperə'ti:f]
appétit (m)	appetite	['æpɪtaɪt]
arrière-goût (m)	aftertaste	['ɑ:ftəteɪst]
artichaut (m)	artichoke	['ɑ:tɪtʃəʊk]
asperge (f)	asparagus	[ə'spærəgəs]
assiette (f)	plate	[pleɪt]
aubergine (f)	eggplant	['egplɑ:nt]
avec de la glace	with ice	[wɪð aɪs]
avocat (m)	avocado	[,ævə'kɑ:dəʊ]
avoine (f)	oats	[əʊts]
bacon (m)	bacon	['beɪkən]
baie (f)	berry	['berɪ]
baies (f pl)	berries	['berɪ:z]
banane (f)	banana	[bə'nɑ:nə]
bar (m)	pub, bar	[pʌb], [bɑ:(r)]
barman (m)	bartender	['bɑ:r,tendə(r)]
basilic (m)	basil	['beɪzəl]
betterave (f)	beetroot	['bi:tru:t]
beurre (m)	butter	['bʌtə(r)]
bière (f)	beer	[bɪə(r)]
bière (f) blonde	light beer	[,laɪt 'bɪə(r)]
bière (f) brune	dark beer	['dɑ:k ,bɪə(r)]
biscuit (m)	cookies	['kʊkɪz]
blé (m)	wheat	[wi:t]
blanc (m) d'œuf	egg white	['eg ,waɪt]
boisson (f) non alcoolisée	soft drink	[sɒft drɪŋk]
boissons (f pl) alcoolisées	liquors	['lɪkəz]
bolet (m) bai	birch bolete	[bɜ:tʃ bə'li:tə]

bolet (m) orangé	orange-cap boletus	['ɒrɪndʒ kæp bə'li:təs]
bon (adj)	tasty	['teɪstɪ]
Bon appétit!	Enjoy your meal!	[ɪn'dʒɔɪ jɔ: ˌmi:l]
bonbon (m)	candy	['kændɪ]
bouillie (f)	porridge	['pɒrɪdʒ]
bouillon (m)	clear soup	[ˌklɪə 'su:p]
boulette (f)	fried meatballs	[fraɪd 'mi:tbɔ:lz]
brème (f)	bream	[bri:m]
brochet (m)	pike	[paɪk]
brocoli (m)	broccoli	['brɒkəlɪ]
cèpe (m)	cep	[sep]
céleri (m)	celery	['selərɪ]
céréales (f pl)	cereal crops	['sɪərɪəl krɒps]
cacahuète (f)	peanut	['pi:nʌt]
café (m)	coffee	['kɒfɪ]
café (m) au lait	coffee with milk	['kɒfɪ wɪð mɪlk]
café (m) noir	black coffee	[blæk 'kɒfɪ]
café (m) soluble	instant coffee	['ɪnstənt 'kɒfɪ]
calamar (m)	squid	[skwɪd]
calorie (f)	calorie	['kælərɪ]
canard (m)	duck	[dʌk]
canneberge (f)	cranberry	['krænbərɪ]
cannelle (f)	cinnamon	['sɪnəmən]
cappuccino (m)	cappuccino	[ˌkæpʊ'tʃi:nəʊ]
carotte (f)	carrot	['kærət]
carpe (f)	carp	[kɑ:p]
carte (f)	menu	['menju:]
carte (f) des vins	wine list	['waɪn lɪst]
cassis (m)	blackcurrant	[ˌblæk'kʌrənt]
caviar (m)	caviar	['kævɪɑ:(r)]
cerise (f)	sour cherry	['saʊə 'tʃerɪ]
champagne (m)	champagne	[ʃæm'peɪn]
champignon (m)	mushroom	['mʌʃrʊm]
champignon (m) comestible	edible mushroom	['edɪbəl 'mʌʃrʊm]
champignon (m) vénéneux	poisonous mushroom	['pɔɪzənəs 'mʌʃrʊm]
chaud (adj)	hot	[hɒt]
chocolat (m)	chocolate	['tʃɒkələt]
chou (m)	cabbage	['kæbɪdʒ]
chou (m) de Bruxelles	Brussels sprouts	['brʌselz ˌspraʊts]
chou-fleur (m)	cauliflower	['kɒlɪˌflaʊə(r)]
citron (m)	lemon	['lemən]
clou (m) de girofle	cloves	[kləʊvz]
cocktail (m)	cocktail	['kɒkteɪl]
cocktail (m) au lait	milkshake	['mɪlk ʃeɪk]
cognac (m)	cognac	['kɒnjæk]
concombre (m)	cucumber	['kju:kʌmbə(r)]
condiment (m)	condiment	['kɒndɪmənt]
confiserie (f)	confectionery	[kən'fekʃənərɪ]
confiture (f)	jam	[dʒæm]
confiture (f)	jam	[dʒæm]

congelé (adj)	frozen	['frəʊzən]
conserves (f pl)	canned food	[kænd fu:d]
coriandre (m)	coriander	[ˌkɒrɪ'ændə(r)]
courgette (f)	zucchini	[zu:'ki:nɪ]
couteau (m)	knife	[naɪf]
crème (f)	cream	[kri:m]
crème (f) aigre	sour cream	['saʊə ˌkri:m]
crème (f) au beurre	buttercream	['bʌtəˌkri:m]
crabe (m)	crab	[kræb]
crevette (f)	shrimp	[ʃrɪmp]
crustacés (m pl)	crustaceans	[krʌ'steɪʃənz]
cuillère (f)	spoon	[spu:n]
cuillère (f) à soupe	soup spoon	[su:p spu:n]
cuisine (f)	cuisine	[kwɪ'zi:n]
cuisse (f)	gammon	['gæmən]
cuit à l'eau (adj)	boiled	['bɔɪld]
cumin (m)	caraway	['kærəweɪ]
cure-dent (m)	toothpick	['tu:θpɪk]
déjeuner (m)	lunch	[lʌntʃ]
dîner (m)	dinner	['dɪnə(r)]
datte (f)	date	[deɪt]
dessert (m)	dessert	[dɪ'zɜ:t]
dinde (f)	turkey	['tɜ:kɪ]
du bœuf	beef	[bi:f]
du mouton	lamb	[læm]
du porc	pork	[pɔ:k]
du veau	veal	[vi:l]
eau (f)	water	['wɔ:tə(r)]
eau (f) minérale	mineral water	['mɪnərəl 'wɔ:tə(r)]
eau (f) potable	drinking water	['drɪŋkɪŋ 'wɔ:tə(r)]
en chocolat (adj)	chocolate	['tʃɒkələt]
esturgeon (m)	sturgeon	['stɜ:dʒən]
fèves (f pl)	beans	[bi:nz]
farce (f)	hamburger	['hæmbɜ:gə(r)]
farine (f)	flour	['flaʊə(r)]
fenouil (m)	dill	[dɪl]
feuille (f) de laurier	bay leaf	[beɪ li:f]
figue (f)	fig	[fɪg]
flétan (m)	halibut	['hælɪbət]
flet (m)	flatfish	['flætfɪʃ]
foie (m)	liver	['lɪvə(r)]
fourchette (f)	fork	[fɔ:k]
fraise (f)	strawberry	['strɔ:bərɪ]
fraise (f) des bois	field strawberry	[ˌfi:ld 'strɔ:bərɪ]
framboise (f)	raspberry	['rɑ:zbərɪ]
frit (adj)	fried	[fraɪd]
froid (adj)	cold	[kəʊld]
fromage (m)	cheese	[tʃi:z]
fruit (m)	fruit	[fru:t]
fruits (m pl)	fruits	[fru:ts]
fruits (m pl) de mer	seafood	['si:fu:d]
fumé (adj)	smoked	[sməʊkt]

gâteau (m)	cake	[keɪk]
gâteau (m)	pie	[paɪ]
garniture (f)	filling	['fɪlɪŋ]
garniture (f)	side dish	[saɪd dɪʃ]
gaufre (f)	waffles	['wɒfəlz]
gazeuse (adj)	carbonated	['kɑ:bəneɪtɪd]
gibier (m)	game	[geɪm]
gin (m)	gin	[dʒɪn]
gingembre (m)	ginger	['dʒɪndʒə(r)]
girolle (f)	chanterelle	[ʃɒntə'rel]
glace (f)	ice	[aɪs]
glace (f)	ice-cream	[aɪs kri:m]
glucides (m pl)	carbohydrates	[ˌkɑ:bəʊ'haɪdreɪts]
goût (m)	taste, flavor	[teɪst], ['fleɪvə(r)]
gomme (f) à mâcher	chewing gum	['tʃu:ɪŋ ˌgʌm]
grains (m pl)	grain	[greɪn]
grenade (f)	pomegranate	['pɒmɪˌgrænɪt]
groseille (f) rouge	redcurrant	['redkʌrənt]
groseille (f) verte	gooseberry	['gʊzbərɪ]
gruau (m)	cereal grains	['sɪərɪəl greɪnz]
hamburger (m)	hamburger	['hæmbɜ:gə(r)]
hareng (m)	herring	['herɪŋ]
haricot (m)	kidney bean	['kɪdnɪ bi:n]
hors-d'œuvre (m)	appetizer	['æpɪtaɪzə(r)]
huître (f)	oyster	['ɔɪstə(r)]
huile (f) d'olive	olive oil	['ɒlɪv ˌɔɪl]
huile (f) de tournesol	sunflower oil	['sʌnˌflaʊə ɔɪl]
huile (f) végétale	vegetable oil	['vedʒtəbəl ɔɪl]
jambon (m)	ham	[hæm]
jaune (m) d'œuf	egg yolk	['eg jəʊk]
jus (m)	juice	[dʒu:s]
jus (m) d'orange	orange juice	['ɒrɪndʒ ˌdʒu:s]
jus (m) de tomate	tomato juice	[tə'meɪtəʊ dʒu:s]
jus (m) pressé	freshly squeezed juice	['freʃlɪ skwi:zd dʒu:s]
kiwi (m)	kiwi	['ki:wi:]
légumes (m pl)	vegetables	['vedʒtəbəlz]
lait (m)	milk	[mɪlk]
lait (m) condensé	condensed milk	[kən'denst mɪlk]
laitue (f), salade (f)	lettuce	['letɪs]
langoustine (f)	spiny lobster	['spaɪnɪ 'lɒbstə(r)]
langue (f)	tongue	[tʌŋ]
lapin (m)	rabbit	['ræbɪt]
lard (m)	lard	[lɑ:d]
lentille (f)	lentil	['lentɪl]
les œufs	eggs	[egz]
les œufs brouillés	fried eggs	['fraɪd ˌegz]
limonade (f)	lemonade	[ˌleməʹneɪd]
lipides (m pl)	fats	[fæts]
liqueur (f)	liqueur	[lɪ'kjʊə(r)]
mûre (f)	blackberry	['blækbərɪ]
maïs (m)	corn	[kɔ:n]
maïs (m)	corn	[kɔ:n]

mandarine (f)	mandarin	['mændərɪn]
mangue (f)	mango	['mæŋgəʊ]
maquereau (m)	mackerel	['mækərəl]
margarine (f)	margarine	[ˌmɑːdʒə'riːn]
mariné (adj)	pickled	['pɪkəld]
marmelade (f)	marmalade	['mɑːmələɪd]
melon (m)	melon	['melən]
merise (f)	sweet cherry	[swiːt 'tʃerɪ]
miel (m)	honey	['hʌnɪ]
miette (f)	crumb	[krʌm]
millet (m)	millet	['mɪlɪt]
morceau (m)	piece	[piːs]
morille (f)	morel	[mə'rel]
morue (f)	cod	[kɒd]
moutarde (f)	mustard	['mʌstəd]
myrtille (f)	bilberry	['bɪlbərɪ]
navet (m)	turnip	['tɜːnɪp]
noisette (f)	hazelnut	['heɪzəlnʌt]
noix (f)	walnut	['wɔːlnʌt]
noix (f) de coco	coconut	['kəʊkənʌt]
nouilles (f pl)	noodles	['nuːdəlz]
nourriture (f)	food	[fuːd]
oie (f)	goose	[guːs]
oignon (m)	onion	['ʌnjən]
olives (f pl)	olives	['ɒlɪvz]
omelette (f)	omelet	['ɒmlɪt]
orange (f)	orange	['ɒrɪndʒ]
orge (f)	barley	['bɑːlɪ]
oronge (f) verte	death cap	['deθ ˌkæp]
ouvre-boîte (m)	can opener	[kæn 'əʊpənə(r)]
ouvre-bouteille (m)	bottle opener	['bɒtəl 'əʊpənə(r)]
pâté (m)	pâté	['pæteɪ]
pâtes (m pl)	pasta	['pæstə]
pétales (m pl) de maïs	cornflakes	['kɔːnfleɪks]
pétillante (adj)	sparkling	['spɑːklɪŋ]
pêche (f)	peach	[piːtʃ]
pain (m)	bread	[bred]
pamplemousse (m)	grapefruit	['greɪpfruːt]
papaye (f)	papaya	[pə'paɪə]
paprika (m)	paprika	['pæprɪkə]
pastèque (f)	watermelon	['wɔːtəˌmelən]
peau (f)	peel	[piːl]
perche (f)	perch	[pɜːtʃ]
persil (m)	parsley	['pɑːslɪ]
petit déjeuner (m)	breakfast	['brekfəst]
petite cuillère (f)	teaspoon	['tiːspuːn]
pistaches (f pl)	pistachios	[pɪ'stɑːʃəʊs]
pizza (f)	pizza	['piːtsə]
plat (m)	course, dish	[kɔːs], [dɪʃ]
plate (adj)	still	[stɪl]
poire (f)	pear	[peə(r)]
pois (m)	pea	[piː]

poisson (m)	fish	[fɪʃ]
poivre (m) noir	black pepper	[blæk 'pepə(r)]
poivre (m) rouge	red pepper	[red 'pepə(r)]
poivron (m)	bell pepper	[bel 'pepə(r)]
pomme (f)	apple	['æpəl]
pomme (f) de terre	potato	[pə'teɪtəʊ]
portion (f)	portion	['pɔːʃən]
potiron (m)	pumpkin	['pʌmpkɪn]
poulet (m)	chicken	['tʃɪkɪn]
pourboire (m)	tip	[tɪp]
protéines (f pl)	proteins	['prəʊtiːnz]
prune (f)	plum	[plʌm]
pudding (m)	pudding	['pʊdɪŋ]
purée (f)	mashed potatoes	[mæʃt pə'teɪtəʊz]
régime (m)	diet	['daɪət]
rôti (m)	stew	[stjuː]
radis (m)	radish	['rædɪʃ]
rafraîchissement (m)	refreshing drink	[rɪ'freʃɪŋ drɪŋk]
raifort (m)	horseradish	['hɔːsˌrædɪʃ]
raisin (m)	grape	[greɪp]
raisin (m) sec	raisin	['reɪzən]
recette (f)	recipe	['resɪpɪ]
requin (m)	shark	[ʃɑːk]
rhum (m)	rum	[rʌm]
riz (m)	rice	[raɪs]
russule (f)	russula	['rʌsjʊlə]
sésame (m)	sesame	['sesəmɪ]
safran (m)	saffron	['sæfrən]
salé (adj)	salty	['sɔːltɪ]
salade (f)	salad	['sæləd]
sandre (f)	pike perch	[paɪk pɜːtʃ]
sandwich (m)	sandwich	['sænwɪdʒ]
sans alcool	non-alcoholic	[nɒn ˌælkə'hɒlɪk]
sardine (f)	sardine	[sɑː'diːn]
sarrasin (m)	buckwheat	['bʌkwiːt]
sauce (f)	sauce	[sɔːs]
sauce (f) mayonnaise	mayonnaise	[ˌmeɪə'neɪz]
saucisse (f)	vienna sausage	[vɪ'enə 'sɒsɪdʒ]
saucisson (m)	sausage	['sɒsɪdʒ]
saumon (m)	salmon	['sæmən]
saumon (m) atlantique	Atlantic salmon	[ət'læntɪk 'sæmən]
sec (adj)	dried	[draɪd]
seigle (m)	rye	[raɪ]
sel (m)	salt	[sɔːlt]
serveur (m)	waiter	['weɪtə(r)]
serveuse (f)	waitress	['weɪtrɪs]
silure (m)	catfish	['kætfɪʃ]
soja (m)	soy	[sɔɪ]
soucoupe (f)	saucer	['sɔːsə(r)]
soupe (f)	soup	[suːp]
spaghettis (m pl)	spaghetti	[spə'getɪ]
steak (m)	steak	[steɪk]

sucré (adj)	sweet	[swiːt]
sucre (m)	sugar	[ˈʃʊɡə(r)]
tarte (f)	cake	[keɪk]
tasse (f)	cup	[kʌp]
thé (m)	tea	[tiː]
thé (m) noir	black tea	[blæk tiː]
thé (m) vert	green tea	[ˈɡriːnˌtiː]
thon (m)	tuna	[ˈtuːnə]
tire-bouchon (m)	corkscrew	[ˈkɔːkskruː]
tomate (f)	tomato	[təˈmeɪtəʊ]
tranche (f)	slice	[slaɪs]
truite (f)	trout	[traʊt]
végétarien (adj)	vegetarian	[ˌvedʒɪˈteərɪən]
végétarien (m)	vegetarian	[ˌvedʒɪˈteərɪən]
verdure (f)	greens	[griːnz]
vermouth (m)	vermouth	[vɜːˈmuːθ]
verre (m)	glass	[glɑːs]
verre (m) à vin	glass	[glɑːs]
viande (f)	meat	[miːt]
vin (m)	wine	[waɪn]
vin (m) blanc	white wine	[ˈwaɪt ˌwaɪn]
vin (m) rouge	red wine	[ˈred ˌwaɪn]
vinaigre (m)	vinegar	[ˈvɪnɪɡə(r)]
vitamine (f)	vitamin	[ˈvaɪtəmɪn]
vodka (f)	vodka	[ˈvɒdkə]
whisky (m)	whisky	[ˈwɪskɪ]
yogourt (m)	yogurt	[ˈjəʊɡərt]

Anglais-Français glossaire gastronomique

aftertaste	['ɑ:ftəteɪst]	arrière-goût (m)
almond	['ɑ:mənd]	amande (f)
anise	['ænɪs]	anis (m)
aperitif	[əperə'ti:f]	apéritif (m)
appetite	['æpɪtaɪt]	appétit (m)
appetizer	['æpɪtaɪzə(r)]	hors-d'œuvre (m)
apple	['æpəl]	pomme (f)
apricot	['eɪprɪkɒt]	abricot (m)
artichoke	['ɑ:tɪtʃəʊk]	artichaut (m)
asparagus	[ə'spærəgəs]	asperge (f)
Atlantic salmon	[ət'læntɪk 'sæmən]	saumon (m) atlantique
avocado	[ˌævə'kɑ:dəʊ]	avocat (m)
bacon	['beɪkən]	bacon (m)
banana	[bə'nɑ:nə]	banane (f)
barley	['bɑ:lɪ]	orge (f)
bartender	['bɑ:rˌtendə(r)]	barman (m)
basil	['beɪzəl]	basilic (m)
bay leaf	[beɪ li:f]	feuille (f) de laurier
beans	[bi:nz]	fèves (f pl)
beef	[bi:f]	du bœuf
beer	[bɪə(r)]	bière (f)
beetroot	['bi:tru:t]	betterave (f)
bell pepper	[bel 'pepə(r)]	poivron (m)
berries	['berɪ:z]	baies (f pl)
berry	['berɪ]	baie (f)
bilberry	['bɪlberɪ]	myrtille (f)
birch bolete	[bɜ:tʃ bə'li:tə]	bolet (m) bai
bitter	['bɪtə(r)]	amer (adj)
black coffee	[blæk 'kɒfɪ]	café (m) noir
black pepper	[blæk 'pepə(r)]	poivre (m) noir
black tea	[blæk ti:]	thé (m) noir
blackberry	['blækbərɪ]	mûre (f)
blackcurrant	[ˌblæk'kʌrənt]	cassis (m)
boiled	['bɔɪld]	cuit à l'eau (adj)
bottle opener	['bɒtəl 'əʊpənə(r)]	ouvre-bouteille (m)
bread	[bred]	pain (m)
breakfast	['brekfəst]	petit déjeuner (m)
bream	[bri:m]	brème (f)
broccoli	['brɒkəlɪ]	brocoli (m)
Brussels sprouts	['brʌsəlz ˌspraʊts]	chou (m) de Bruxelles
buckwheat	['bʌkwi:t]	sarrasin (m)
butter	['bʌtə(r)]	beurre (m)
buttercream	['bʌtəˌkri:m]	crème (f) au beurre
cabbage	['kæbɪdʒ]	chou (m)

cake	[keɪk]	gâteau (m)
cake	[keɪk]	tarte (f)
calorie	['kælərɪ]	calorie (f)
can opener	[kæn 'əʊpənə(r)]	ouvre-boîte (m)
candy	['kændɪ]	bonbon (m)
canned food	[kænd fuːd]	conserves (f pl)
cappuccino	[ˌkæpʊ'tʃiːnəʊ]	cappuccino (m)
caraway	['kærəweɪ]	cumin (m)
carbohydrates	[ˌkɑːbəʊ'haɪdreɪts]	glucides (m pl)
carbonated	['kɑːbəneɪtɪd]	gazeuse (adj)
carp	[kɑːp]	carpe (f)
carrot	['kærət]	carotte (f)
catfish	['kætfɪʃ]	silure (m)
cauliflower	['kɒlɪˌflaʊə(r)]	chou-fleur (m)
caviar	['kævɪɑː(r)]	caviar (m)
celery	['selərɪ]	céleri (m)
cep	[sep]	cèpe (m)
cereal crops	['sɪərɪəl krɒps]	céréales (f pl)
cereal grains	['sɪərɪəl greɪnz]	gruau (m)
champagne	[ʃæm'peɪn]	champagne (m)
chanterelle	[ʃɒntə'rel]	girolle (f)
check	[tʃek]	addition (f)
cheese	[tʃiːz]	fromage (m)
chewing gum	['tʃuːɪŋ ˌgʌm]	gomme (f) à mâcher
chicken	['tʃɪkɪn]	poulet (m)
chocolate	['tʃɒkələt]	chocolat (m)
chocolate	['tʃɒkələt]	en chocolat (adj)
cinnamon	['sɪnəmən]	cannelle (f)
clear soup	[ˌklɪə 'suːp]	bouillon (m)
cloves	[kləʊvz]	clou (m) de girofle
cocktail	['kɒkteɪl]	cocktail (m)
coconut	['kəʊkənʌt]	noix (f) de coco
cod	[kɒd]	morue (f)
coffee	['kɒfɪ]	café (m)
coffee with milk	['kɒfɪ wɪð mɪlk]	café (m) au lait
cognac	['kɒnjæk]	cognac (m)
cold	[kəʊld]	froid (adj)
condensed milk	[kən'denst mɪlk]	lait (m) condensé
condiment	['kɒndɪmənt]	condiment (m)
confectionery	[kən'fekʃənərɪ]	confiserie (f)
cookies	['kʊkɪz]	biscuit (m)
coriander	[ˌkɒrɪ'ændə(r)]	coriandre (m)
corkscrew	['kɔːkskruː]	tire-bouchon (m)
corn	[kɔːn]	maïs (m)
corn	[kɔːn]	maïs (m)
cornflakes	['kɔːnfleɪks]	pétales (m pl) de maïs
course, dish	[kɔːs], [dɪʃ]	plat (m)
cowberry	['kaʊberɪ]	airelle (f) rouge
crab	[kræb]	crabe (m)
cranberry	['krænbərɪ]	canneberge (f)
cream	[kriːm]	crème (f)
crumb	[krʌm]	miette (f)

crustaceans	[krʌ'steɪʃənz]	crustacés (m pl)
cucumber	['kju:kʌmbə(r)]	concombre (m)
cuisine	[kwɪ'zi:n]	cuisine (f)
cup	[kʌp]	tasse (f)
dark beer	['dɑːk ˌbɪə(r)]	bière (f) brune
date	[deɪt]	datte (f)
death cap	['deθ ˌkæp]	oronge (f) verte
dessert	[dɪ'zɜ:t]	dessert (m)
diet	['daɪət]	régime (m)
dill	[dɪl]	fenouil (m)
dinner	['dɪnə(r)]	dîner (m)
dried	[draɪd]	sec (adj)
drinking water	['drɪŋkɪŋ 'wɔ:tə(r)]	eau (f) potable
duck	[dʌk]	canard (m)
ear	[ɪə(r)]	épi (m)
edible mushroom	['edɪbəl 'mʌʃrʊm]	champignon (m) comestible
eel	[i:l]	anguille (f)
egg	[eg]	œuf (m)
egg white	['eg ˌwaɪt]	blanc (m) d'œuf
egg yolk	['eg ˌjəʊk]	jaune (m) d'œuf
eggplant	['egplɑ:nt]	aubergine (f)
eggs	[egz]	les œufs
Enjoy your meal!	[ɪn'dʒɔɪ jɔ: ˌmi:l]	Bon appétit!
fats	[fæts]	lipides (m pl)
field strawberry	[ˌfi:ld 'strɔ:bərɪ]	fraise (f) des bois
fig	[fɪg]	figue (f)
filling	['fɪlɪŋ]	garniture (f)
fish	[fɪʃ]	poisson (m)
flatfish	['flætfɪʃ]	flet (m)
flour	['flaʊə(r)]	farine (f)
fly agaric	[flaɪ 'ægərɪk]	amanite (f) tue-mouches
food	[fu:d]	nourriture (f)
fork	[fɔ:k]	fourchette (f)
freshly squeezed juice	['freʃlɪ skwi:zd dʒu:s]	jus (m) pressé
fried	[fraɪd]	frit (adj)
fried eggs	['fraɪd ˌegz]	les œufs brouillés
fried meatballs	['fraɪd 'mi:tbɔ:lz]	boulette (f)
frozen	['frəʊzən]	congelé (adj)
fruit	[fru:t]	fruit (m)
fruits	[fru:ts]	fruits (m pl)
game	[geɪm]	gibier (m)
gammon	['gæmən]	cuisse (f)
garlic	['gɑ:lɪk]	ail (m)
gin	[dʒɪn]	gin (m)
ginger	['dʒɪndʒə(r)]	gingembre (m)
glass	[glɑ:s]	verre (m)
glass	[glɑ:s]	verre (m) à vin
goose	[gu:s]	oie (f)
gooseberry	['gʊzbərɪ]	groseille (f) verte
grain	[greɪn]	grains (m pl)
grape	[greɪp]	raisin (m)

grapefruit	['greɪpfruːt]	pamplemousse (m)
green tea	['griːnˌtiː]	thé (m) vert
greens	[griːnz]	verdure (f)
halibut	['hælɪbət]	flétan (m)
ham	[hæm]	jambon (m)
hamburger	['hæmbɜːgə(r)]	farce (f)
hamburger	['hæmbɜːgə(r)]	hamburger (m)
hazelnut	['heɪzəlnʌt]	noisette (f)
herring	['herɪŋ]	hareng (m)
honey	['hʌnɪ]	miel (m)
horseradish	['hɔːsˌrædɪʃ]	raifort (m)
hot	[hɒt]	chaud (adj)
ice	[aɪs]	glace (f)
ice-cream	[aɪs kriːm]	glace (f)
instant coffee	['ɪnstənt 'kɒfɪ]	café (m) soluble
jam	[dʒæm]	confiture (f)
jam	[dʒæm]	confiture (f)
juice	[dʒuːs]	jus (m)
kidney bean	['kɪdnɪ biːn]	haricot (m)
kiwi	['kiːwiː]	kiwi (m)
knife	[naɪf]	couteau (m)
lamb	[læm]	du mouton
lard	[lɑːd]	lard (m)
lemon	['lemən]	citron (m)
lemonade	[ˌleməˈneɪd]	limonade (f)
lentil	['lentɪl]	lentille (f)
lettuce	['letɪs]	laitue (f), salade (f)
light beer	[ˌlaɪt 'bɪə(r)]	bière (f) blonde
liqueur	[lɪˈkjʊə(r)]	liqueur (f)
liquors	['lɪkəz]	boissons (f pl) alcoolisées
liver	['lɪvə(r)]	foie (m)
lunch	[lʌntʃ]	déjeuner (m)
mackerel	['mækərəl]	maquereau (m)
mandarin	['mændərɪn]	mandarine (f)
mango	['mæŋgəʊ]	mangue (f)
margarine	[ˌmɑːdʒəˈriːn]	margarine (f)
marmalade	['mɑːməleɪd]	marmelade (f)
mashed potatoes	[mæʃt pəˈteɪtəʊz]	purée (f)
mayonnaise	[ˌmeɪəˈneɪz]	sauce (f) mayonnaise
meat	[miːt]	viande (f)
melon	['melən]	melon (m)
menu	['menjuː]	carte (f)
milk	[mɪlk]	lait (m)
milkshake	['mɪlk ʃeɪk]	cocktail (m) au lait
millet	['mɪlɪt]	millet (m)
mineral water	['mɪnərəl 'wɔːtə(r)]	eau (f) minérale
morel	[məˈrel]	morille (f)
mushroom	['mʌʃrʊm]	champignon (m)
mustard	['mʌstəd]	moutarde (f)
non-alcoholic	[nɒn ˌælkəˈhɒlɪk]	sans alcool
noodles	['nuːdəlz]	nouilles (f pl)

oats	[əʊts]	avoine (f)
olive oil	['ɒlɪv ˌɔɪl]	huile (f) d'olive
olives	['ɒlɪvz]	olives (f pl)
omelet	['ɒmlɪt]	omelette (f)
onion	['ʌnjən]	oignon (m)
orange	['ɒrɪndʒ]	orange (f)
orange juice	['ɒrɪndʒ ˌdʒu:s]	jus (m) d'orange
orange-cap boletus	['ɒrɪndʒ kæp bə'li:təs]	bolet (m) orangé
oyster	['ɔɪstə(r)]	huître (f)
pâté	['pæteɪ]	pâté (m)
papaya	[pə'paɪə]	papaye (f)
paprika	['pæprɪkə]	paprika (m)
parsley	['pɑ:slɪ]	persil (m)
pasta	['pæstə]	pâtes (m pl)
pea	[pi:]	pois (m)
peach	[pi:tʃ]	pêche (f)
peanut	['pi:nʌt]	cacahuète (f)
pear	[peə(r)]	poire (f)
peel	[pi:l]	peau (f)
perch	[pɜ:tʃ]	perche (f)
pickled	['pɪkəld]	mariné (adj)
pie	[paɪ]	gâteau (m)
piece	[pi:s]	morceau (m)
pike	[paɪk]	brochet (m)
pike perch	[paɪk pɜ:tʃ]	sandre (f)
pineapple	['paɪnˌæpəl]	ananas (m)
pistachios	[pɪ'stɑ:ʃɪəʊs]	pistaches (f pl)
pizza	['pi:tsə]	pizza (f)
plate	[pleɪt]	assiette (f)
plum	[plʌm]	prune (f)
poisonous mushroom	['pɔɪzənəs 'mʌʃrʊm]	champignon (m) vénéneux
pomegranate	['pɒmɪˌɡrænɪt]	grenade (f)
pork	[pɔ:k]	du porc
porridge	['pɒrɪdʒ]	bouillie (f)
portion	['pɔ:ʃən]	portion (f)
potato	[pə'teɪtəʊ]	pomme (f) de terre
proteins	['prəʊti:nz]	protéines (f pl)
pub, bar	[pʌb], [bɑ:(r)]	bar (m)
pudding	['pʊdɪŋ]	pudding (m)
pumpkin	['pʌmpkɪn]	potiron (m)
rabbit	['ræbɪt]	lapin (m)
radish	['rædɪʃ]	radis (m)
raisin	['reɪzən]	raisin (m) sec
raspberry	['rɑ:zbərɪ]	framboise (f)
recipe	['resɪpɪ]	recette (f)
red pepper	[red 'pepə(r)]	poivre (m) rouge
red wine	['red ˌwaɪn]	vin (m) rouge
redcurrant	['redkʌrənt]	groseille (f) rouge
refreshing drink	[rɪ'freʃɪŋ drɪŋk]	rafraîchissement (m)
rice	[raɪs]	riz (m)
rum	[rʌm]	rhum (m)

russula	['rʌsjʊlə]	russule (f)
rye	[raɪ]	seigle (m)
saffron	['sæfrən]	safran (m)
salad	['sæləd]	salade (f)
salmon	['sæmən]	saumon (m)
salt	[sɔːlt]	sel (m)
salty	['sɔːltɪ]	salé (adj)
sandwich	['sænwɪdʒ]	sandwich (m)
sardine	[sɑːˈdiːn]	sardine (f)
sauce	[sɔːs]	sauce (f)
saucer	['sɔːsə(r)]	soucoupe (f)
sausage	['sɒsɪdʒ]	saucisson (m)
seafood	['siːfuːd]	fruits (m pl) de mer
sesame	['sesəmɪ]	sésame (m)
shark	[ʃɑːk]	requin (m)
shrimp	[ʃrɪmp]	crevette (f)
side dish	[saɪd dɪʃ]	garniture (f)
slice	[slaɪs]	tranche (f)
smoked	[sməʊkt]	fumé (adj)
soft drink	[sɒft drɪŋk]	boisson (f) non alcoolisée
soup	[suːp]	soupe (f)
soup spoon	[suːp spuːn]	cuillère (f) à soupe
sour cherry	['saʊə 'tʃerɪ]	cerise (f)
sour cream	['saʊə ˌkriːm]	crème (f) aigre
soy	[sɔɪ]	soja (m)
spaghetti	[spə'getɪ]	spaghettis (m pl)
sparkling	['spɑːklɪŋ]	pétillante (adj)
spice	[spaɪs]	épice (f)
spinach	['spɪnɪdʒ]	épinard (m)
spiny lobster	['spaɪnɪ 'lɒbstə(r)]	langoustine (f)
spoon	[spuːn]	cuillère (f)
squid	[skwɪd]	calamar (m)
steak	[steɪk]	steak (m)
stew	[stjuː]	rôti (m)
still	[stɪl]	plate (adj)
strawberry	['strɔːberɪ]	fraise (f)
sturgeon	['stɜːdʒən]	esturgeon (m)
sugar	['ʃʊgə(r)]	sucre (m)
sunflower oil	['sʌnˌflaʊə ɔɪl]	huile (f) de tournesol
sweet	[swiːt]	sucré (adj)
sweet cherry	[swiːt 'tʃerɪ]	merise (f)
taste, flavor	[teɪst], ['fleɪvə(r)]	goût (m)
tasty	['teɪstɪ]	bon (adj)
tea	[tiː]	thé (m)
teaspoon	['tiːspuːn]	petite cuillère (f)
tip	[tɪp]	pourboire (m)
tomato	[tə'meɪtəʊ]	tomate (f)
tomato juice	[tə'meɪtəʊ dʒuːs]	jus (m) de tomate
tongue	[tʌŋ]	langue (f)
toothpick	['tuːθpɪk]	cure-dent (m)
trout	[traʊt]	truite (f)

tuna	['tu:nə]	thon (m)
turkey	['tɜ:kɪ]	dinde (f)
turnip	['tɜ:nɪp]	navet (m)
veal	[vi:l]	du veau
vegetable oil	['vedʒtəbəl ɔɪl]	huile (f) végétale
vegetables	['vedʒtəbəlz]	légumes (m pl)
vegetarian	[ˌvedʒɪ'teərɪən]	végétarien (m)
vegetarian	[ˌvedʒɪ'teərɪən]	végétarien (adj)
vermouth	[vɜ:'mu:θ]	vermouth (m)
vienna sausage	[vɪ'enə 'sɒsɪdʒ]	saucisse (f)
vinegar	['vɪnɪgə(r)]	vinaigre (m)
vitamin	['vaɪtəmɪn]	vitamine (f)
vodka	['vɒdkə]	vodka (f)
waffles	['wɒfəlz]	gaufre (f)
waiter	['weɪtə(r)]	serveur (m)
waitress	['weɪtrɪs]	serveuse (f)
walnut	['wɔ:lnʌt]	noix (f)
water	['wɔ:tə(r)]	eau (f)
watermelon	['wɔ:təˌmelən]	pastèque (f)
wheat	[wi:t]	blé (m)
whisky	['wɪskɪ]	whisky (m)
white wine	['waɪt ˌwaɪn]	vin (m) blanc
wine	[waɪn]	vin (m)
wine list	['waɪn lɪst]	carte (f) des vins
with ice	[wɪð aɪs]	avec de la glace
yogurt	['jəʊgərt]	yogourt (m)
zucchini	[zu:'ki:nɪ]	courgette (f)

www.ingramcontent.com/pod-product-compliance
Lightning Source LLC
La Vergne TN
LVHW051731080426
835511LV00018B/3002